톨스토이

아름다운
인생

톨스토이

L. N. 톨스토이 지음 · 동완 옮김

아름다운 인생

좋은 책 좋은 독자를 만드는 —
㈜신원문화사

옮긴이의 말

　톨스토이는 두말할 것도 없이 세계 최대의 문학가임과 동시에 인도주의 소설가로서 존경받고 있다.
　그는 '예술가 톨스토이'와 '사상가 톨스토이'로 불릴 만큼 두 부문에 있어서 모두 유명하다.
　특히 만년에는 도덕가가 되기도 했는데 '도덕적 자기완성'과 '악에 대해 폭력으로 대항해서는 안 된다'고 가르치고 있다. 그리고 인생훈(人生訓)과 같은 격언은 그의 작품 곳곳에서 만날 수 있다.
　《톨스토이 아름다운 인생》은 톨스토이의 인생관(윤리·종교관)·사회관(국가와 폭력과 돈)·선과 악·예술·과학·교육론, 그리고 또 인간관계 등등과 격언적 단편을 엮어 놓았다.

톨스토이를 위대하다고 일컫는 데 대해서는, 오늘날 아무도 이의를 제기하지 않을 것이며, 또 그의 예술과 사상에 관해서 이러쿵저러쿵 말한다는 것도 새삼스럽다는 느낌이 없지 않다.

다만 이 책을 편찬함에 있어서, 특별히 깊은 감명을 받은 것은 그의 문장이 언제나 변함없이 신선하다는 사실이다. 얄미울 정도로 교묘한 표현의 기교이다. 톨스토이가 오늘날까지도 만인에게 애독되는 이유의 하나도 확실히 이 점에 있다고 생각된다.

차례

1장 행복의 길

행복의 길 • 10
그릇된 지침 • 16
책의 가치 • 21
사랑 • 29
이성의 태양 • 37
종교 • 43
파스칼의 공적 • 64

2장 고뇌와 고독

고뇌와 고독 • 72
생과 사 • 87
생명의 탐구 • 108
자연 • 138

3장 죄와 벌

사회 • 144
죄와 벌 • 166
감옥에 관하여 • 173
노상인 • 177
폭력 • 182
무저항주의 • 189
도덕 • 192
교육 • 199

4장 연애와 결혼

연애와 결혼 • 212
여성 • 235
예술 • 262

1장
행복의 길

한 개인만을 위한 행복이란 있을 수 없다. 만약 인생에 행복과 비슷한 어떤 것이 있다 하더라도 자기만 행복하면 그만이라는 따위의 생각, 그런 이기적인 생각은 한 번 숨 쉴 때마다 고통을 향하고, 혹은 사멸을 향해서 불가항력적인 힘으로 이끌려 간다. 이러한 사실은 분별력 있는 사람이라면 젊은이든, 늙은이든, 학문이 있든 없든 누구든지 이해할 수 있을 만큼 명백하다.

행복의 길

 인간이 살아가는 데 있어서 인생의 유일한 목적으로 먼저 사람들 마음에 떠오르는 것은 자기 자신의 행복이다.
 그러나 한 개인만을 위한 행복이란 있을 수 없다. 만약 인생에 행복과 비슷한 어떤 것이 있다 하더라도 자기만 행복하면 그만이라는 따위의 생각, 그런 이기적인 생각은 한 번 숨 쉴 때마다 고통을 향하고, 혹은 사멸을 향해서 불가항력적인 힘으로 이끌려 간다. 이러한 사실은 분별력 있는 사람이라면 젊은이든, 늙은이든, 학문이 있든 없든 누구든지 이해할 수 있을 만큼 명백하다.
 인생에 관한 이러한 생각은 단순하고 자연스러운 것이므로, 이성을 가진 사람이라면 누구나 생각할 수 있는 것이며, 또 아득한 옛날부터 인류에게 널리 알려져 있는 사실이기도 하다.

"서로가 상대를 멸망시키거나 자멸해 가는 무수한 인간들 가운데 자기 한 개인의 행복만을 얻으려고 노력하는 개체로서의 인간 생활은 악이며 무의미한 것이다. 진정한 삶이란 그러한 것이어서는 안 될 것이다."

사람들은 옛날부터 이렇게 말해 왔다.

인간 생활의 이 내적 모순은 인도·중국·이집트·그리스·유럽의 성현들에 의해 강력한 힘으로 분명하게 표명되어 왔다. 그리고 오랜 옛날부터 인간의 이성은 인간 상호간의 생존 경쟁과 고통과 죽음에 의해 사멸되지 않는 행복을 인식하는 일에 힘을 기울여 왔다.

우리가 인생을 알기 시작한 이래, 인류의 끊임없는 진보는 이러한 생존 경쟁이나 고통이나 죽음에 의해 깨뜨려지는 일이 없고, 의심할 여지가 없는 인간의 행복을 더욱더 분명히 밝히는 데에 있다.

오랜 옛날부터 수많은 민족들 사이에서 위대한 인류의 지도자들은 사람들에게 인생의 내적 모순을 해결하는 때와 더불어 분명한 인생의 정의를 밝혀서 제시하고, 그들에게 인류에 적용되는 참된 행복과 참된 생활이 무엇인지 가르쳐 주었다.

그런데 이 세계에 있어서 모든 사람들의 입장은 동일하며, 따라서 개인적인 행복에 대한 욕구와 그런 행복은 불가능하다는 의식 사이에 존재하는 모순도 역시 동일하기 때문에, 위대한 인류의 성현들이 사람들에게 나타내 보인 참된 행복에 관한—참된 인생에 관한—정의도 역시 본질적으로는 모두가 동일한 것이다.

기원전 500년에 공자는 말했다.

"인생이란 인류의 행복을 위해 하늘에서 내려 준 광명이 두루 비치는 것이다."

같은 시대의 브라만 교도가 말했다.

"인생이란 언제나 보다 더 큰 행복에 도달코자 하는 영혼의 순례이며 완성이다."

공자와 같은 시대의 석가모니는 말했다.

"인생이란 행복한 열반에 도달하기 위한 자기 부정이다."

역시 공자와 같은 시대의 노자는 말했다.

"인생이란 행복에 도달하기 위한 겸허와 인종(忍從)의 길이다."

어느 유태인 성현은 말했다.

"인생이란 사람이 신의 율법을 지키면서 행복할 수 있도록, 신이 사람에게 불어넣은 숨결이다."

스토아학파의 철학자는 말했다.

"인생이란 사람에게 행복을 주는 이성에 따르는 활동이다."

그리스도는 이제까지의 모든 정의를 자기의 정의 속에 총괄하면서 이렇게 말했다.

"인생이란 사람에게 행복을 주는 하느님과 이웃에 대한 사랑이다."

먼 옛날부터 오늘에 이르는 수천 년 동안, 우리 인류에게 그릇되고 이루지 못할 개인적인 행복 대신에 깨뜨릴 수 없도록 강한 참된 행복을 우리 인류에게 가르쳐 주고, 인간 생활의 모순을 해결하고, 거기에 합리적인 의의를 부여하는 인생의 정의란 대체로 이와 같다고 하겠다.

우리는 이러한 인생의 정의에 동의하지 않을 수도 있고, 또 이러한 정의를 더욱 정확하고 명료하게 표현할 수도 있다.

그러나 이러한 인생의 정의들이 인생의 모순을 해결하고, 도달하기 어려운 개인적인 행복을 구하는 대신에 다른 행복, 즉 고통이나 죽음에 의해서도 깨뜨려지지 않는 행복에 대한 욕구로 방향을 바꾸어서 인생에 합리적인 의의를 부여하는, 그러한 것임을 부정할 수는 없다. 그리고 이 같은 인생의 정의들이 논리적으로 올바르다는 것이 인생의 경험에 의해서도 확인되고 있는 사실이다.

또 이와 같은 인생의 정의는 수백만 수천만의 사람들이 사실상 개인적인 행복에 대한 욕구 대신 고통이나 죽음으로도 깨트려지지 않는 행복을 추구해 왔음을 증명한다는 사실도 부정할 수 없다.

그러나 위대한 인류의 선각자에 의해 계시된 인생의 정의를 잘 이해하고, 그것에 따라 생활하는 사람들이 있는 반면, 대다수의 사람들은 생애의 어느 기간, 때로는 전 생애를 통해 인간 생활의 모순을 해결하는 데에 유용한 그들의 정의를 이해하지 못할 뿐만 아니라, 그러한 모순이 있는지조차 모르고 동물적인 생활만을 보내고 있다.

그리고 이러한 사람들 가운데는 자기의 외적인 지위로 인해 자신을 인류의 지도자인 양 착각하고, 자기 자신은 인간 생활의 참뜻을 알지도 못하면서 자신이 이해 못하는 인생에 관하여, 인생은 개인적인 생존에 불과한 것이라는 식으로 타인에게 가르치려는 인간이 항상 있었으며, 현재도 또한 그러하다.

이러한 그릇된 지도자들은 어느 시대에나 있었고 오늘날에도 역시 존재한다.

그들은 성인들의 가르침을 입으로는 말하고 있지만(그 전통 속에서 그들은 자라난 것이다!) 원래 그 뜻을 이해하지 못하는 까닭에, 그 가르침을 사람들의 과거 및 미래의 생활에 관한 초자연적인 계시로 받들고, 다만 형식적인 의례(儀禮)만을 요구하고 있다.

이것은 넓은 의미에 있어서 위선적인 바리새 사람, 즉 인생은 원래 불합리한 것이지만 형식적인 의례를 실행하면서 내세에 대한 신앙만 있으면 수정도 가능한 것이라고 가르치는 사람들의 가르침이라고 하겠다.

또 다른 허위의 지도자들은 눈으로 볼 수 있는 인생 이외에는 일체 인생의 가능성을 인정하지 않고, 모든 기적이나 초자연적인 것을 일일이 부정하고, 용감하게도 인생이란 출생에서 사망에 이르기까지 동물적인 생존 이외의 아무것도 아니라고 주장하기도 한다. 어떤 학자는 동물로서의 인간 생활에는 전혀 불합리한 것이 없다고 내세우기도 한다.

이러한 두 종류의 그릇된 지도자들은 그들이 주장하는 교의(가르침)가 모두 인간 생활의 근본적인 모순에 대한 몰이해에 그 기초를 두고 있음에도 불구하고, 과거부터 현재에 이르기까지 계속 서로 다투는 것이다.

이들 두 교의는 오늘날 우리의 세계를 지배하고 있고, 또한 서로 반목하면서 논쟁으로 세계를 가열시켰으며, 논쟁 그 자체로 이미 수천 년 이전에 인류에게 부여되어 사람들이 진정한 행복에 도달하기 위한 길을 가르치는 인생의 참된 정의를 사람들의 눈으로부터 숨기고 있는 것이다.

그릇된 지침

　인간의 생활이란 아침에 일어나서, 밤에 잠자리에 들 때까지 연속되는 행위이다. 사람은 매일 자기 자신이 할 수 있는 많은 행위 중에 자기가 해야 할 행위를 끊임없이 선택하지 않으면 안 된다.
　천국 생활의 비밀을 설명하는 바리새파의 가르침도, 세계와 인간의 기원을 연구하여 미래의 운명에 관한 결론을 내리는 학자들의 가르침도, 그러한 행위의 지침을 가르치고 있지는 않다.
　그런데 사람은 자신이 해야 할 행위를 선택하는 데 일정한 지침을 가지지 않고는 살아갈 수가 없다. 그렇기 때문에 사람들은 이성의 판단에서 떠나, 인간 사회에 항상 존재해 왔고 또 현재에도 존재하는 생활의 외면적인 지침에 따르게 되는 것이다.

　이 지침은 어떠한 합리적인 설명도 가지고 있지 않지만, 그것은 모든 사람의 행위의 대부분을 지배한다. 이 지침은 인간 사회 생활의 습관이다. 이것이 인간을 지배하는 힘이 강하게 되면 강해질수록 그만큼 인간은 자신의 생활의 의미에 대한 이해가 얕게 된다.

　그러나 이 지침은 명확히 표현할 수 있는 것이 아니다. 왜냐하면 그것은 때와 장소에 따라서 다양하게 되기 쉬운 사실과 행위로 구성되어 있기 때문이다.

　그것은 중국인이 부모의 위패 앞에 켜는 촛불과도 같다. 그것은 또 회교도에 있어서 성지 순례와도 같으며, 인도인에게 있어서 일정량의 기도 문구와도 같다. 그것은 또 군인에게 있어서 자신의 군기(軍旗)에 대한 충성과 군복에 대한 명예이며, 사교인에게 있어서 결투이며, 산 사람에게 있어서 혈족의 복수이다. 그것은 일정한 날에 있어서 일정한 음식물이며, 자기 자식들에 대한 일정한 방식에 의한 교육이다. 그것은 방문이며, 주거의 일정한 장식이며, 장례·출산·결혼 등에 관한 일정한 축제 행사이다.

　그것은 모든 생활을 충족시키는 사건과 행위의 무한량이다. 그러므로 그것은 예의·습관 등으로 불리고, 때로는 신성한 의무라든가 하는 이름으로 불리는 것들이다.

　현실적으로 대다수 사람들은 인생에 관한 바리새파나 학자들의 설명 이외에, 이 지침에도 따르는 것이다. 어디에서나 사람은 어릴

때부터 자기의 주위에서 깊은 신념과 외면적인 장엄을 가지고 이러한 일들을 실행하는 사람들을 본다. 자신의 생활에 대해 아무런 합리적인 해석을 가지지 않은 채로 사람들은 자기 자신도 같은 일을 시작할 뿐만 아니라, 그 일 자체에 합리적인 의미를 부여하려는 노력까지 한다.

'이러한 일을 하는 사람들은 자신이 무엇 때문에, 왜 그러한 일을 하는가에 대한 확실한 설명의 근거를 가지고 있다.'라고 그들은 믿고 싶은 것이다. 또, '이러한 일들은 합리적인 의미를 가지고 있다. 가령 그것들의 합리적인 의미를 자기는 충분히 알지 못하더라도 다른 사람들은 충분히 알고 있을 것이다.'라고 자기 자신을 설득하기 시작한다. 그러나 다른 사람들도 대부분 인생에 대해 합리적인 해석을 갖지 못한 채 그와 완전히 동일한 상태에 있는 것이다.

결국, 그들이 그러한 일을 행하고 있는 것은 다른 사람들은 이러한 일을 실행할 근거를 가지고 있으며, 그 사람들이 자기에게 그러한 일의 실행을 요구하고 있다는 생각이 드는 것에 불과하다.

사람들은 본의 아니게 서로가 속이면서, 합리적인 설명을 할 수 없는 일의 실행에 점점 익숙해질 뿐만 아니라 그러한 일들에 대해 일종의 신비적인, 그들 자신으로서도 이해가 가지 않는 의미를 붙이는 일에 익숙해져 가는 것이다. 그들로서는 자기들이 실행하고 있는 의미를 이해하지 못하면 못할수록, 그 일 자체의 근거가 의심스러우면 의심스러울수록, 그들은 더욱더 그것을 중요시하고, 더욱

더 엄숙하게 그것을 실행하는 것이다.

마침내는 부유한 자도 가난한 자도 주위의 사람들이 하는 바를 그대로 실행하여 오랜 옛날부터 그렇게까지 많은 사람들에 의해 실행되고, 그 많은 사람들에 의해 높이 평가되는 일이 인생의 참된 사업이 아닐 리가 없다는 생각을 갖게 된다. 그리고는 스스로 위로하며 그 일들을 자신의 의무, 신성한 의무라고 생각한다.

사람들은 자기들이 무엇 때문에 살고 있는 것인지 모른다 할지라도 다른 사람들은 알고 있다고 억지로 자신을 납득시키면서 나이를 먹고, 마침내는 죽어 가는 것이다. 그런데 그들이 신뢰하는 그 '다른 사람들'도 그들과 마찬가지로 무엇 때문에 살고 있는 것인지, 잘 알지 못하기도 한다.

새로운 사람들이 차례차례 이 세상에 태어나고 성장한다. 그들은 주위의 존경을 한 몸에 받고 있는 그러한 노인들이 참가하는 '인생'이라고 불리는 생존의 혼잡을 보고, 이 무의미한 혼잡이야말로 인생이며, 그 외에 인생이란 것은 없다고 확신해 버린다. 그들은 진정한 인생의 문턱에서 잠시 동안 붐비다가 그대로 이 세상에서 사라져 버린다.

결국, 아직 한 번도 인간들의 집회라는 것을 본 일이 없는 사람은 입구에서 엎치락뒤치락 붐비며 소란을 피우고 있는 군중을 보기만 해도 그것을 집회 그 자체라고 지레 짐작한다. 입구의 소동 속으로 말려들어 엉망이 되고 나서, 자기는 집회에 다녀왔다고 하는 깊은 확신을 품고 집으로 돌아간다.

  사람들은 산에 터널을 뚫기도 하고, 세계를 날아다니기도 한다. 게다가 전기·현미경·전화·전쟁·의회·당파 싸움·대학·학회·박물관 등 이러한 것을 발명하기도 하고 만들기도 한다.

  이것이 과연 인생일까?

  무역·전쟁·교통·과학·예술 등에 따르는 사람들의 착잡한 분규, 그리고 열렬한 활동의 대부분은 인생의 입구에 모여서 붐비고 있는 어리석은 군중의 혼잡에 불과한 것이다.

책의 가치

　E. M. 트레구보트에게 보내신 귀하의 편지를 그가 저에게 전송해 왔습니다. 그리고 저는 그것을 읽으면서 대단히 기뻤습니다. 귀하의 일을 알게 되었다는 것, 귀하의 목소리를 듣는 것처럼 느꼈다는 것, 귀하가 무엇을 생각하고 계신지, 그리고 무엇에 의지해서 살고 계신지 이해한 것을 기쁘게 생각했습니다.

　귀하의 서신을 통해 귀하가 정신적인 세계에서 생활하시며, 또 정신적인 문제에 흥미를 가지고 계시다는 것을 알 수 있었습니다. 인간의 행복을 위해서 이것은 중요한 일입니다. 왜냐하면 정신에 있어서만이 인간은 자유로우며, 정신에 의해서만 신의 일이 이루어지고, 정신에 의해서만 인간은 자신과 신과의 결합을 느낄 수 있기 때문입니다. 결국 '신은 정신'이기 때문입니다.

귀하가 서한 속에서, 살아 있는 사람들 상호간의 서한 왕래가 죽어 있는 책에 비해 우월하다는 생각을 밝히신 그 사고방식은 제 마음에 매우 흡족했습니다. 그리고 저는 그 사고방식에 동의하는 바입니다.

저는 책을 쓰고 있습니다. 그러므로 책이 가져다주는 여러 가지 해악을 알고 있습니다. 진리를 받아들이기를 원하지 않는 사람들이, 그들의 약점을 지적하고 그들의 잘못을 적발하는 것들을 얼마나 읽기 싫어하고, 혹은 이해하기를 거부하고 있는가, 얼마나 곡해하고 변질되고 있는가, 얼마나 그들이 복음서를 곡해했는가를 알고 있습니다.

이러한 일체의 사실을 저는 알고 있습니다. 그렇지만 현대에 있어서는 책을 불가피한 것이라고 인정합니다.

제가 '현대에 있어서'라고 말씀드린 것은 복음서의 시대와 대립시키고 있는 것입니다. 그 시대에는 인쇄라는 것이 없었기 때문에 책이 없고, 사상을 전파하는 방법은 구두에 의할 뿐이었습니다. 그 시대에는 책이 없어도 목적을 달성할 수 있었습니다. 왜냐하면 진리의 원수들에게도 책은 없었기 때문입니다.

그런데 지금은 원수에게만 허위와 기만을 위한, 위력 있는 이 도구를 제공해 주고, 진리를 위해서 이를 이용하지 않을 수는 없습니다.

자기의 사상을 전달하기 위해 혹은 다른 사람의 사상을 받아들이기 위해 서한을 이용하지 않는다는 것은, 말하지 않으면 안 될 일을 많은 사람에게 일시에 전하기 위해 자기의 음성의 힘을 이용하지 않는 것과 같습니다. 그리고 이것은 타인이 큰 소리로 말하는 것을 이해하기 위해 자신의 청각을 이용하지 않고, 마주 앉아서 혹은 속삭임으로만 사상의 전달 및 수용이 가능하다고 하는 것과 마찬가지입니다.

서한 및 인쇄는 단지 자기의 사상을 표현하는 사람들과 그것을 수용하는 사람들의 수를 수천, 수만 배로 확대시켰을 뿐, 표현하는 사람과 수용하는 사람과의 관계는 여전히 동일한 것으로 남아 있는 것입니다.

대화에 있어서 말하는 사람의 의도를 듣는 사람이 정확히 이해할 수도 있으며, 혹은 이해하지 못할 수도 있는 것과 마찬가지로, 인쇄물에 있어서도 그러한 것입니다. 책을 읽는 사람이 그 책을 아무렇게나 곡해할 수 있는 것처럼 귀로 듣는 사람도 마찬가지입니다.

책에 있어서는—우리가 그것을 읽을 수 있도록—많은 불필요한 일, 혹은 공허한 일을 쓰는 것이 가능한 것과 마찬가지로, 말을 할 때에도 가능합니다.

물론 이점은 있습니다. 그러나 상위는 때로는 구두에 의한 의사소통이 우월하다는 것을 가리키고, 때로는 인쇄에 의한 의사소통의 우월함을 가리키기도 합니다.

구두에 의한 의사 전달의 이점은 듣는 사람이 말하는 사람의 정신을 느낀다는 것입니다. 그러나 거기에는 불이익도 있습니다. 그것은 흔히 있는 일입니다만, 예컨대 말 잘하는 천품을 타고난 변호사 같은 자가, 그 말의 합리성에 의해서가 아닌, 웅변술의 교묘함으로 인해서 사람들을 유인하는 것입니다. 이것은 책에 있어서는 있을 수 없는 일입니다.

구두에 의한 의사 전달의 또 하나의 이점은 이해하지 못한 사람은 반문할 수도 있다는 것입니다. 그 대신 불이익은 이해하지 못 하는 사람, 때로는 고의로 이해하지 않는 사람들이 필요 없는 질문을 하여 사상의 진전을 차단한다는 것입니다. 이것 또한 책에 있어서는 없는 일입니다.

책이 불리한 점은 첫째로, 종이는 모든 것을 받아들이는 까닭에 종이를 만드는 노무자 및 인쇄공의 커다란 노력에 대신할 만한 가치가 없는 불필요한 일들까지도 인쇄가 가능하다는 것입니다. 이것은 구두에 의한 전달에서는 불가능합니다. 왜냐하면 불필요한 일은 사람들이 듣지 않기 때문입니다.

둘째로, 책이 방대한 양으로 증대하여 유익한 책이 어리석고 유해한 책의 바닷속에 묻혀 버린다는 것입니다.

이에 반하여 인쇄에서 오는 이익 역시 매우 큽니다. 그것은 주로 독자의 범위가 구두에 의한 청자(聽者)에 비하여 수백, 수천 배로 증가된다는 사실입니다. 그리고 이 독자 범위의 증대가 중요하다는 것은 그 수가 많아진다는 데 있는 것이 아니고, 책을 읽을 수 있는 사람들이 다양한 민족에 속하고, 또 다양한 지위를 가지는 수천만의 사람들 사이에 자연적으로 같은 의식을 가지는 자가 생겨, 책의 영향으로 서로 수만 리나 떨어져 있고, 서로 알지 못하는 사이면서도 결합하여 하나가 되고, 단일한 영혼으로서 살며, 자기들이 고독하지 않다는 사실을 인식한다는, 그러한 정신적 희열과 용기를 얻을 수 있기 때문입니다.

이러한 의사소통을 저는 지금, 귀하와 그리고 또 다른 여러 민족에 속하는 많은 사람들과 가지고 있습니다. 이 많은 사람들을 저는 만난 일은 없습니다만, 그들은 혈연으로 맺어진 자식이나 형제 이상으로 제게는 가까운 것입니다.

그리고 책의 우월함을 가리키는 중요한 고량(考量)은 생활의 외면적 조건의 발달의 어느 단계에 있어서, 서적과 인쇄물은 인간 상호간의 의사소통의 수단이며, 따라서 이 방법을 경멸해서는 안 된다는 것입니다.

많은 종류의 유해한 책이 쓰여지고 전파되고 있으므로, 이런 해독에 대항할 수 있는 것은 다만 책에 의한 수단뿐입니다. 쐐기는 쐐기에 의해서만 밀어낼 수 있습니다.

"내가 너희들에게 말하는 것을 너희들은 지붕 위에서 말하리라."

바로 이 지붕 위로부터의 선언이, 즉 인쇄된 말씀입니다. 인쇄된 말은 같은 언어이지만 대단히 멀리까지 전파되는 것입니다. 그러므로 언어에 관해 언급된 모든 것도 인쇄된 말에 관한 것입니다. 그것에 의해서 신을 축복하고 그것에 의해 신의 형용(形容)을 본떠서 만들어진 인간을 저주하는 것입니다.

그러한 까닭에 말한다든가 듣는다든가 하는 일에 대해서 충분한 주의를 기울이지 않으면 안 되는 것처럼, 인쇄한다든가 읽는다든가 하는 일에 대해서도 마찬가지로 충분한 주의를 기울이지 않으면 안 되는 것입니다. 제가 이러한 모든 것들을 쓰는 것은 귀하가 저와 다르게 생각하고 계시리라고 여기기 때문에 하는 것은 아닙니다(귀하의 서한을 통해 귀하가 이 일에 대해서 저와 마찬가지로 이해하고 계시다는 것을 저는 알 수 있었습니다).

다만, 이러한 사상들이 제 머리에 떠올랐기에 귀하와 그것을 나누고 싶었을 뿐입니다.

귀하의 서한에서 특별히 제 마음에 흡족한 것은 귀하가 "만약에 나를 위하여, 이미 하늘이 우리에게 주신 모든 것을 보전하여 준다면 참으로 행복할 것이다. 그러나 필연적이며 합법적인 것은 의심할 여지도 없이, 각자의 마음속에 있을 것이다. 그렇기 때문에 직접적으로 하늘에서, 혹은 자기 자신에게 받게 되는 것이다."라고 말씀하신 것입니다. 이것은 참으로 올바른 일입니다. 그러므로 저도 이와 똑같이 인간을 이해합니다.

만약, 이 인간에게 문이 열린 진리가 인간들의 그릇된 해석에 의해서 흐려지지 않았다고 한다면 모든 인간은 인간으로서 마땅히 알아야 할 모든 것을 알고 있어야 할 것입니다.

그러한 까닭에, 신의 진리를 인식하기 위해서는 무엇보다도 먼저 모든 그릇된 해석 및 인간들을 그릇된 해석으로 유인하는 모든 세속적 유혹을 뿌리치는 것이 필요합니다. 그렇게 한다면 어린아이도 도달할 수 있는 하나의 진리가 남을 것입니다. 왜냐하면 이 진리는 인간의 정신에 특유한 것이기 때문입니다.

거기에 따라서 일어나는 곤란은 허위를 저버리면서도 이 허위와 더불어 진리의 일부분을 저버리지 않는 일에, 그리고 진리를 해명하면서 새로운 망집(妄執)을 끌어들이지 않는 데에 있는 것입니다.

사 랑

1. 이 하나의 것

나는 지금까지 생(生)의 현상은 어디에서 오는 것인가, 또 어째서 나는 그러한 것들을 보는 것인가, 라는 이러한 것을 생각하는 일 없이 생의 현상을 보고 있었다.

그 후 나는 내가 보는 모든 현상은 빛―그것은 이해(理解)이다―에서 생긴다는 것을 알았다. 그리하여 나는 모든 것을 하나로 귀착시킨 사실을 매우 기뻐했으므로, 이해를 만사(萬事)의 근원이라고 인정하는 것으로 매우 만족했다.

그러나 그 후 나는 이해는 어떤 젖빛 유리를 통해 우리에게 도달되는 빛이라는 사실을 발견했다. 나는 빛을 본다. 그러나 이 빛을 우리에게 전달해 주는 것이 무엇인지 나는 알지 못한다.

그러나 그것이 있다는 사실을 나는 알고 있다.

나를 비추는 이 빛의 원천이며—나는 그것을 알지 못하지만—그것의 존재를 알고 있는 바는 바로 신(神)이다.

……

신은 단순히 이성에 의하거나 또는 마음에 의해서가 아닌, 신에 대한 완전한 의존의 감정에 의해서 알 수 있는 것이다. 이 감정은 어린애가 어머니의 품에 안겨서 경험하는 감정과 같은 것이다.

그는 누가 그를 품고 있는지, 누가 따뜻하게 해 주는지, 누가 젖을 주는지 알지 못한다. 그러나 누군가가 있다는 것을 알고 있으며, 알고 있을 뿐만 아니라 또 그 누구를 사랑한다.

비로소 신을 사랑할 수 있는 가능성을 느꼈다.

구제를 얻기 위해서는 불행한 자가 되지 않으면 안 되고, 괴로움을 받지 않기 위해서는 자신을 잊지 않으면 안 된다.

유일한 자기 망각은 사랑에 의한 망각이다. 그러나 대부분의 사람들은 유혹을 따르며, 사랑을 하지 않고, 또 사랑에 의해 자신을 망각함을 원하지 않는다. 그리하여 담배, 술, 아편 등으로 자기를 망각하는 것을 익힌다.

2. 한계의 저편으로

죽음과 사랑 사이에는 어떤 관계가 있다.

사랑은 삶의 본질이다. 그리고 죽음은 생으로부터 씌우개를 제거하면서 마치 본질을, 사랑을 숨김없이 나타내는 것과 같다. 인간이 죽었을 때에야 비로소 얼마만큼 그를 사랑했던가를 알 수 있다.

……

내가 보는 모든 것—꽃·수목·하늘·땅—이들 모든 것은 나의 감각이다. 그리고 나의 감각이란 나의 '자아'라는 한계의 의식이다. '자아'는 확대할 것을 희구한다. 그리고 이 희구에 즈음하여 공간에 있어서의 자기 한계와 충돌하고, 이들 한계의 의식이 '자아'에 감각을 부여한다. 그리하여 의식은 감각을 객관화하고 꽃·수목·하늘·땅으로 만드는 것이다.

그리하여 생각한다. 사랑이란 무엇인가? 생은 그 한계와 이들 사물의 충돌에 있는 것인데, 무엇 때문에 사랑이 있는 것인가?

이들 한계와 충돌하는 것은 불가피하다. 그리고 이들 충돌 가운데 그 놀음이 있는 것이다. 그러한 경우에 사랑은 무엇이 되는 것인가? 어떻게 하는 것인지는 기억이 없으나 생의 이러한 관념은 사랑을 폐절(廢絶)시키려고 했다. 그것을 불필요한 것으로 만들려고 했다.

그리하여 의혹과 우수가 나를 엄습했다.

내가 사랑에 관해서 생각하고, 또 말하는 일체의 것은 머릿속에서 짜낸 것이 아닌가?

물론 사랑에 대해서 말하는 것은 나 한 사람이 아니고, 이 일을 생각해 낸 것은 내가 아니다.

훨씬 이전부터 모든 사람들이 이렇게 말했던 것이다. 그렇다면 이 사실은 여기에 무엇인가 확실한 것이 있다고 하는 개연성을 부여하는 것이지만 그러나 그것은 자기기만이 아닐까?

한 걸음 앞으로 나아가 생각해 보았다. 그렇지만 내가 나 자신이며, 내가 보는 모든 것이 나의 한계에 불과하다는 것을 어떻게 해서 나는 알고 있는 것일까? 한계의 의식 밖에 자기, 즉 한계를 의식하는 자의 의식이 있다.

이 의식은 무엇인가? 만약 의식이 한계를 느낀다면 그것은 그 본질에서 생각할 때 한계가 없는 것이며, 이 한계에서 탈출하려고 희구하는 것이다. 그렇다면 무엇에 의해서 나는 그 한계에서 탈출할 수 있는가? 무엇에 의해서 한계의 저편으로 뚫고 나갈 수가 있겠는가?

그것은 한계의 저편에 있는 것을 사랑하는 것에 의해서만 가능하다. 그러므로 사랑은 사랑하는 사람을, 한계의 저편에 있는 것과 신과 사랑을 결합시키면서 한계를 없애는 것이다.

사랑이란 수단에 의해서 그를 제한하는 한계를 파괴하고서, 인간은 무한한 것으로 될 수 있다.

처음에 인간은 그에게 가장 가깝고 가장 잘 이해할 수 있는 존재물 사이의 한계를, 나중에는 훨씬 멀리 떨어진 이해와 체득이 곤란한 것 사이의 한계를 철거한다.

그러나 식물을 죽이지 않고, 풀이나 곤충을 밟아 죽이지 않고, 즉 사랑을 파괴하지 않고 어떻게 먹을 것을 얻을 수 있는가? 결국 이 세계에 있어서의 한계를 아무리 확대해도 완전한 사랑의 실현, 즉 자기와 세계 사이의 한계의 철거는 생각할 수 없다.

온전한 실현은 불가능하다. 그렇지만 무한의 접근은 가능하다.

그러나 이 세계는 유일한 세계는 아니다. 또 다른 여러 세계가 있어서 거기에서는 이 현실이 개연적이며 또한 가능하다.

인간은 한편에서는 이 세계에서 신의 왕국, 즉 사랑의 실현을 접근시키고 있다. 다른 한편에서는 스스로 그것이 가능한 어떤 세계로 들어갈 준비를 진행하고 있다.

3. 다정스러운 사랑

길을 잃은, 이른바 악한 사람들을 사랑할 수 있고, 또 사랑한다고 생각했다. 단순히 생각만 했을 뿐 아니라 느끼기도 했다.

처음에는 이렇게 생각했다.

'과연 사람들에게 고통을 주지 않고, 그들의 오류·죄과에 대해서 적절한 지시를 할 수 있을까? 육체적 고통을 위해서는 클로로포름이나 코카인이 있지만, 정신적 고통을 위해서는 그러한 것은 없다.'

그렇게 생각하니, 바로 이 일이 머리에 떠올랐다.

'그것은 거짓말이다. 그러한 정신적인 고통을 위한 클로로포름은 존재한다.'

모든 일에 있어서와 마찬가지로 육체에 대해서는 여러 방면에서 연구가 활발히 벌어졌으나 정신에 관해서는 아직 연구가 시작되지 않고 있다. 발이나 손의 수술은 클로로포름을 사용하여 시행되지만 인간 교정의 수술은 고통으로 시행된다.

그런데 정신적인 고통을 위한 클로로포름은 존재하고 있으며, 일찍부터 알려진 것이다. 그것은 언제나 같은 것이니, 즉 그것은 사랑이다. 게다가 그뿐만이 아니다. 육체적인 일에 있어서는 클로로포름을 사용하지 않더라도 수술에 의해서 회복을 가져올 수 있지만, 정신은 아주 느끼기 쉬운 존재물이므로 클로로포름—사랑—없이 정신에 대해서 시행된 수술은 언제나 치명적일 뿐이다. 환자는 항상 이를 알고 있고, 클로로포름을 요구하며, 그것이 없으면 안 된다는 사실을 알고 있다. 그런데 의사들은 이 요구로 말미암아 자주 화내는 것이다.

"얼마나 분수에 넘치는 요구인가."

하고 그들은 말한다. 나도 또한 몇 번인가 그렇게 말했을 것이다.

"내가 고쳐 준다는 것, 그의 곪은 종기를 절개하여 잘라 내는 일에 대해서도 그는 감사하지 않으면 안 되는 것이다. 그런데도 그는 고통이 없이 해 달라고 요구한다. 고쳐 주는 것만으로도 만족하지 않으면 안 된다."

그러나 환자는 이러한 판단에 귀를 기울이지 않을 것이다. 그는 고통스러운 것이다. 그는 울부짖고 아픈 장소를 숨기면서 말하는 것이다.

"완치될 수 없는 것이라면 치료를 받고 싶지 않다. 만약에 당신이, 고통 없이 치료하는 것이 불가능하다고 한다면 병이 더욱 악화되어도 상관없다."

그가 이렇게 말하는 것은 사실이다. 생각해 보라. 정신적 병환이란 무엇인가?

그것은 갈피를 잡지 못하고 헤매는 것이다. 이것은 법칙으로부터의 그리고 단일한 길로부터의 퇴전이다.

유혹이란 그물 속에서 허위의 길에 발을 잘못 들여놓고 헤매는 것이다. 그리하여 조력을 주고자 희망하는 사람들, 혹은 단순히 보다 많이 똑바른 길을 걸으면서(모든 사람들 사이에 존재하는 관련에 의해서) 길을 잃고 헤매는 사람들을 그들의 그물에서 끌어내 주는 사람들, 이러한 사람들은 어떻게 행동하는 것이 마땅할 것인가?

분명히 방금 길을 벗어났을 뿐인 인간은 그릇된 길에서 올바른 길로 똑바로 이끌어 주는 것이 좋을 것이다.―그는 아프지 않을 것이다. 그러나 이미 그물에 얽혀 버린 사람을 똑바로 끌어낼 수는 없다―그렇게 한다면, 그것은 그에게 고통을 주는 것이다. 먼저 부드럽고 다정하게 얽히고 맺힌 것을 풀어 주지 않으면 안 된다. 이렇게 정지하고, 얽힌 것을 풀어 주는 것이 사랑의 클로로포름이다.

그렇게 하지 않는다면 어떠한 결과가 올 것인가?

인간은 잘못 접어든 길 위에서 전신(全身)을, 발도 손도 목도 그물에 얽혀 있다. 거기에 내가 나타나서 그를 구하기 위해 손에 닥치는 대로 아무것이나 잡고 그의 숨을 못 쉬게 하면서 그리고 그의 수족을 닳아서 끊어지게 하면서 그를 끌어당긴다. 그리하여 그를 한결 더 얽혀 버리게 한다. 그가 깊이 들어가 있으면 있을수록, 보다 많이 얽혀 있으면 있을수록, 그에게는 보다 많은 사랑이 필요하다.

이들 모든 것을 나는 이전에 거의 이해하고 있었다. 그러나 지금은 완전히 이해하고, 또 느끼기 시작한다.

이성의 태양

벗을 위하여 자기의 생명을 희생하는 사랑, 그것 이외에 사랑은 없다. 사랑은 그것이 자기희생일 경우 비로소 사랑이다. 사람이 남을 위해서, 단순히 자기의 시간과 힘을 바칠 뿐만 아니라 사랑하는 자를 위해서 육체를 희생하여 그에게 생명을 바친다. 그러면 우리는 누구나 이것을 사랑이라고 인정하며, 이러한 사랑에 있어서만 행복을 발견하고, 또 사랑의 보수를 발견하는 것이다.

그리하여 이러한 사랑이 사람들 사이에 있다는 사실, 그 하나의 사실에 의해서 세계는 성립된다.

영아를 기르는 어머니는 아이가 성장할 수 있는 음식으로서 직접 자신을, 그 육체를 바치고 있다. 그것 없이는 어린아이는 살아갈 수 없다. 이것이 사랑이다.

바로 이와 마찬가지로 자신의 육체를 타인의 음식으로 바치는 것은 타인의 행복을 위하여 노동으로서 자기의 육체를 소모하고 자기의 죽음을 재촉하면서 일하는 모든 노동자이다.

이러한 사랑은 사랑하는 존재를 위하여 자신을 희생하는 일에 대해 아무런 어려움도 없는 사람에게 있어서만 자기희생이 가능하다. 자기 자식을 유모에게 맡겨 두는 어머니는 자식을 사랑한다고는 할 수 없다. 돈을 벌어 저축만 하는 사람은 사람을 사랑하지 못한다.

"빛 가운데 있다 하여 형제를 미워하는 자는 지금까지 어둠 속에 있는 자요, 그의 형제를 사랑하는 자는 빛 가운데 있고 자기 속에 거리낌이 없다. 그러나 그의 형제를 미워하는 자는 어둠 속에 있고, 또 어둠 속에 행하며, 갈 곳을 알지 못하나니, 이는 어둠이 그의 눈을 멀게 했기 때문이다. 말과 혀로만 사랑하지 말고, 실천과 진실한 마음으로 사랑하자. 이로써 우리는 자신이 진리에 속한 줄을 알고, 또 우리의 마음을 굳세고 평안하게 할 수 있으리라. 그러므로 사랑은 우리 가운데 완전함을 얻고, 우리를 심판하는 날에 확신을 가지고 설 수 있으리라. 왜냐하면 우리가 이 세상에서 그와 같이 실천하기 때문이다. 사랑에는 공포가 없다. 완전한 사랑은 공포를 쫓아 버린다. 대체로 공포 속에는 괴로움이 있기 마련이다. 대체로 두려워하는 사람은 사랑에 있어서 완전하지 못한 것이다."

다만 이러한 사랑만이 사람들에게 참된 생명을 부여한다.

"네 마음을 다하고, 네 목숨을 다하고, 네 정신을 다하여 주 너의 하느님을 사랑하고, 네 이웃을 너 자신처럼 사랑해야 한다고 했습니다."

이렇게 율법 교사가 그리스도에게 말했다. 그리스도가 그에게 말했다.

"옳게 대답했다. 그렇게 하여라. 그러면 네가 살 것이다."

참된 사랑은 생명 그 자체이다.

"우리는 이미 우리가 죽음으로부터 삶으로 옮겨 왔다는 것을 안다. 왜냐하면 우리는 형제를 사랑하기 때문이다."

그리스도의 제자는 말했다.

"형제를 사랑하지 않는 자는 죽음 속에 머물러 있다."

오직 사랑하는 자만이 살아 있는 것이다.

그리스도의 가르침에 의하면 사랑은 생명 그 자체이다. 그러나 무의미한 고통을 수반하는, 멸망해 가는 그러한 생명이 아니고 축복된, 종말이 없는 생명이다. 우리는 모두 이 사실을 알고 있다.

사랑은 이성의 결론은 아니다. 또 일정한 활동의 결과도 아니다. 그것은 우리를 완전히 둘러싼 생명의 환희에 가득 찬 활동 그 자체이다.

우리는 누구나 철이 든 어린 시절부터 그릇된 세속적인 가르침이 우리의 영혼 가운데에서 생명의 활동을 억누르고, 생명의 활동을 느끼는 가능성을 우리에게서 빼앗아 가기에는, 이 생명의 활동은 우리 자신 속에 있다는 것을 알고 있다.

사랑, 이것은 특별히 선정된 사람이나 사물에 대한 사랑처럼 개인의 일시적인 행복을 증진하는 일에 대한 편애가 아니고, 동물적인 개인의 행복을 저버린 뒤에 남는, 그 외부에 존재하는 행복에 대한 희구라고 하겠다.

살아 있는 사람들 중에서 누가, 설사 한 번만의 경험이라 할지라도 축복된 감정을 알지 못하는 자가 있겠는가.

이것을 가장 많이 경험하는 것은 우리 안에 있는 생명을 억누르고, 갖가지 허위가 우리의 영혼을 더럽히지 않는 유년 시대에 한하는 일이다.

이 축복된 감동의 정서에 이끌리면 사람은 모든 것 즉, 가까운 자도, 아버지도, 어머니도, 형제도, 악인도, 적도, 개도, 말도, 풀까지도 사랑하고 싶은 심정이 되며, 그 마음속에는 오직 하나의 사실, 모든 것에 행운이 깃들도록, 모든 것들이 행복하도록 기원하는 감정이 생기게 된다. 그리고 그것은 모든 것이 행복하도록 자신의 힘으로 해 주고 싶어지는—모든 것에 자기 자신, 자기의 생명을 바치고 싶은—감정으로 변한다. 즉, 이 감정이야말로 아니 이 감정 하나만이 사람들의 생명을 기르는 사랑이다.

이 사랑—인간의 생명이 그 속에만 있는 이 사랑—은 우리가 잘못하여 사랑이라고 부르는, 동물적인 욕망의 싹의 의미인 사랑과 비슷한 잡초의 조잡한 싹 속에 섞여 눈에 겨우 뜨일 정도의 부드러운 싹으로 사람의 영혼 속에 나타나는 것이다.

처음에 사람들은 그 사람 자신도 훌륭한 수목으로 성장할 이 싹을 다른 싹과 완전히 동일한 것으로 생각한다. 뿐만 아니라 사람들은 처음에는 성장이 빠른 잡초의 싹을 오히려 귀여워하는 경향이 있으므로 유일한 생명의 싹은 시들어 버린다.

그러나 이 정도는 그래도 나은 편이며, 이보다 더 나쁜 것은 사람들이 이런 싹 가운데에 사랑이라고 불리게 될 참된 생명의 싹이 하나 있다는 사실을 들으면, 정작 길러야 할 생명의 싹은 밟아 없애면서 그 대신에 잡초의 싹을 사랑이라는 이름을 붙여 기르기 시작하는 것이다.

아니 그보다도 더욱 나쁜 일이 있으니, 그것은 사람들이 거친 손길로 그 싹을 움켜잡고 이렇게 부르짖는 일이다.

"자, 이거다. 우리는 그걸 발견했다. 우리는 이제야 그걸 알았다. 자, 이걸 키워야지. 사랑이다. 사랑이다! 이거야말로 최고의 감정이다!"

사람들은 그것을 옮겨심기도 하고 바로잡기도 하고, 또한 움켜잡기도 하고 밟기도 하는 동안, 그 싹을 꽃도 피기 전에 시들게 해 버린다. 그러면 사람들은 입을 모아 이렇게 말한다.

"이건 다 어리석은 일이지. 무의미한 일이야. 센티멘탈리즘이다."

그러나 사랑은 그 싹이 틀 때에는 사소한 접촉에도 견뎌내기 어려울 정도로 가냘프게 성장하다가 비로소 굳세게 되는 것이다.

사람들이 이에 대해서 하는 일은 사랑의 싹을 위해서 나쁜 결과를 주는 것뿐이다. 사랑의 싹을 위해 필요한 것은 오직 하나다. 즉, 그의 성장을 돕는 유일한 이성의 태양을 아무런 방해물 없이 그 빛을 비출 수 있도록 하는 일, 그것뿐이다.

종 교

1. 신이란 무엇인가

생명이 무엇인지 나에게 말해 다오. 그러면 나도 살아 있는 신이 무엇인가를 말해 주리라.

그대는 말한다.

"생명은 의식(衣食)이다. 그리고 자신의 자유, 자신의 욕구 충족 및 욕구의 선택. 그러한 것들의 의식이다."

그러나 이러한 생명은 어디에서 온 것인가?

그대는 말한다.

"그것은 저급한 유기체로부터 온 것이다."

그러나 저급한 유기체는 이미 그 자체 속에 이 의식을 가지고 있었다. 그렇다면 저급한 유기체는 어디에서 오는 것일까?

그대는 말한다.

"무한의 본원에서 온 것이다."

나는 그것을 신이라는 이름으로 부른다. 나는 말한다.

"나의 생명 의식과 자유 의식이 곧 신이다. 그렇지만 이것도 신의 본체는 아니다."

나는 존재한다. 나는 살아 있다. 내 욕구 충족에 힘을 다하는 선택의 자유를 의식하는 것 이외에 나는 또한 이 선택에 있어서 나를 이끌어 가는 이성은 어디서부터 오는 것일까라고 생각한다.

이 이성은 자신의 본원을 탐구한다. 이러한 이성은 인간 그 자체와 싸우면서 그 자신을 극복하고 또한 그의 동물적 욕망을 억제하며, 그에게 법칙을 제시해 주는 것이다.

법칙은 동물적 욕망과 투쟁함으로써 정복해 나가는 것이다.

"동물적 욕망의 발동에 반대하는 법칙을 설정하는 데 있어서 인간의 이성은 어디에서 오는 것일까?"

이에 대하여 내게 말해 보아라.

그대는 말한다.

"이 법칙들은 인간에게서 나온 것이다."

그러면 인간의 이성은 어디에서 오는 것일까?

"생물의 발달에서부터."

그렇다면 생물은 무생물로부터 오는 것일까? 그러나 그들이 무생물이었을 때에도 이성의 어린 싹은 있었다. 회전하는 태양으로부터 떨어져 나간 여러 부분에 이미 이성의 어린 싹은 있었다. 태양과 태양으로부터 떨어진 뭇별에도 그러한 싹은 있는 것일까? 만약에 이성이 있고, 그것이 발달된 것이라고 한다면 그 기원은 역시 무한 속에 숨어 있는 것이라고 할 수 있다.

이 이성의 기원 역시 신이다.

그대에게 있어서와 마찬가지로 내게도 본원(本源)의 동일 개념이 있다. 즉, 생명의 본원과 이성의 본원이 합해져 하나로 된다는 것이다.

그대는 그대의 사상의 진행만을 가리키고 있지만, 나는 모든 것을 신이라는 이름으로 부른다. 그대가 아무렇지도 않게 가리키는 것, 그대가 사상의 삼도정(三道程)으로 나누는 것을 나는 무엇인가 이름을 붙이지 않으면 안 되므로 이렇게 이름을 붙인 것이다.

나는 신과 영혼을 정의의 방법에 의하지 않고, 전연 별개의 방법으로 인식한다. 정의는 내 안에 있는 이 지식을 파괴한다. 나는 신이 존재한다는 것, 내 영혼이 존재한다는 것을 알고 있다. 그러나 이러한 지식이 내게 의심할 바 없는 것임은 내가 불가피하게 그로 인해 인도되었기 때문이다.

나는 어디에서 왔을까?

나는 이 문제로써 신이 존재한다는 것을 알게 되었다.

나는 무엇인가?

이 문제로써 나는 영혼이 존재한다는 것을 알게 되었다.

나는 내 어머니에게서 태어난 것이다. 어머니는 할머니에게서, 할머니는 증조할머니에게서……. 그럼 맨 처음 사람은 누구로부터? 이렇게 되면 나는 불가피하게 신에 도달하고 만다.

그러면 무엇이 나란 말인가?

발은 내가 아니다. 손도 내가 아니다. 머리도 내가 아니다. 감정도 내가 아니다. 사상조차 내가 아니다.

그렇다면 무엇이 나란 말인가?

나는 나다. 내 영혼이다. 어떤 방향으로 내가 신에 가까이 접근해 간다고 하더라도 결과는 같게 된다. 즉, 내 사상의 본원, 내 이성의 본원은 신이다.

내 사랑의 본원은 신이다. 물질의 본원 역시 신이다.

영혼이란 개념에서 말해도 역시 마찬가지다. 내가 진리에 대한 내 희구를 느낄 때, 나는 진리에 대한 희구가 나의 비물질적 기초인 내 영혼임을 알고 있다. 나는 선에 대하여 내 사랑이 향할 때 내 영혼이 이것을 사랑하고 있음을 알고 있다.

……

신이란 무엇인가? 신은 무엇 때문에 존재하는 것일까?

내가 마음속에 유한한 것으로 알고 있는 그것은 실상 무한한 것이기도 하다. 이것이 곧 신이다.

내 몸은 유한하지만 신의 몸은 무한하다. 나는 63년 동안 살아온 존재이지만, 신은 영원히 살고 있는 존재이다.

나는 내가 이해할 수 있는 범위 내에서 사고하는 존재이지만, 신은 무한량으로 사고하는 존재이다. 나는 이따금 조금밖에 사랑하지 못하는 존재이기도 하지만, 신은 무한량으로 사랑할 수 있는 존재이다. 나는 또한 부분이지만 신은 전체이며, 나는 신의 부분으로서밖에 나를 이해할 수 없다.

2. 진리적인 것

인간은 육체적 행복은 자신을 위해서만 획득하고, 정신적 행복은 칭찬을 받기 위해, 타인을 위해 획득할 것을 원한다. 그리고 또 그렇게 되는 것을 좋아한다.

인간은 모든 육체적 행복은 자신으로부터 타인에게 제공하고, 정신적 행복은 자기 한 사람을 위해서만 획득하지 않으면 안 된다.

중개자나 구경꾼 등 제삼자를 관여시키면 신을 상대할 수 없다. 눈과 눈을 마주볼 때 비로소 참된 관계가 시작되는 것이다. 아무도 타인이 듣고 있지 않을 때에만 신은 그대의 말을 듣는 것이다.

내 신앙의 형식에 대한 증명이 아니고, 그 설명으로써 다음과 같은 것이 있다.

만일 내가 부분적 연구에만 만족하고 또 중요한 일에는 열중하지도 않고 억지로 무엇인가 완전히 알고 이해하기를 희망한다면 나는, 자신은 아무것도 알지 못하리라는 것, 일시적인 생활을 위한 나의 지력, 현재의 지식을 위한 도구는 일종의 완구에 불과하며 기만이다라는 사실을 발견하게 된다. —파스칼

만일 내가 감정의 의의를 나 자신에게 설명하고자 한다면, 지력은 나를 기만하는 일조차도 하지 않는다는 것을 발견할 것이다.

—스트라호프

만일 내가 자신을 위해서 무지와 지식의 불가능성을 공개하는 장소를 보편화하고, 그것에 명칭을 붙이고자 한다면 나는 다음과 같은 회답 없는 질문을 발견할 것이다.

① 무엇 때문에 나는 살고 있는 것인가?
② 나의 존재 및 모든 존재의 원인은 어떠한 것인가?
③ 나의 존재 및 모든 존재의 목적은 어떠한 것인가?
④ 자신이 느끼는 선과 악의 구분은 무엇을 의미하며 무엇 때문인가?

⑤ 어떻게 생활하는 것이 마땅할까?

⑥ 죽음이란 무엇인가?

그리고 이 여러 문제들의 가장 일반적인, 그리고 완전한 표현은 이러하다.

나는 어떻게 구제되어야 마땅한가? 나는 자신이 멸망의 길을 걷고 있음을 느낀다. 살아 있으면서도 죽어 가고 있는 삶을 사랑하고, 죽음을 두려워하는 나는 어떻게 구제되어야 하는가?

나의 이성적 사상뿐만 아니라 또 전 인류의 사상도 이 문제에 대해 아무런 회답도 주지 않는다. 그 사상이 진실한 것이고, 또 정확한 것임을 원할 때조차도 그 사상은 말하는 것이다.

"이 문제를 이해하는 것조차 불가능하다."

그렇지만 나와 전 인류는 질문한다.

"우리는 어떻게 구제되어야 하는가?"

이성적 사상은 회답을 주지 않는다. 그러나 그 동일한 인간의 활동, 그것은 외견상으로는 이성적 사상과 비슷하다. 이성적 사상과 마찬가지로 일부분은 말로써 표현되기 때문이다.

그러한 인간의 활동의 과실은 회답을 준다. 그 회답은 종교이다. 그뿐 아니라, 그 회답은 겨우 찾을 수 있는 그러한, 또는 사람들에게 숨겨져 있는 특별히 곤란한, 인간적인 방법에 의해 받을 수 있는 것은 아니다.

만약 그 회답이 이러한 것이었다고 한다면 우리가 모든 일에 있어서 보는 상응성을 고려함으로써 의심할 수가 있다.

그러나 회답은 그것이 항상 문제를 수반하는 그러한, 그것을 잃어야 마땅한 사람은 없는 것과 같다. 그것을 잃고 있는 것은 다만 문제를 제시하지 않는 사람들 즉, 젊고 정열적 인생을 사랑하는 사람들이거나, 혹은 말에 의한 신앙의 회답을 이성적 회답으로 생각하고, 이성은 회답을 줄 힘이 없으며, 문제 그 자체를 직접적으로 부정하는 것임을 잊고 그것들에게서 이성적 증명을 요구하는 사람들뿐이다. 그러나 전 인류는 이 문제들에 대한 회답을 가지고 있으면서 현재 생활하고 있고, 또 지금까지도 항상 생활해 왔으며 죽음의 길을 걸어 왔던 것이다.

그러나 그 회답들은 미신일까?

그러한 것들이 없이도 가능하다면—완전한 생활을 영위할 수 있다면—그 사실은 하나의 증명이 될 것이다. 그렇지만 사상가 및 타락한 사람들의 제외된 예는 증명으로는 성립되지 않는다.

또 하나의 증명은 그러한 것들은 통일이 없다는 것이다. 그런데 통일은 있는 것이며, 그것이야말로 진리이다.

제3의 증명은 그러한 것들이 비이성적이라는 것이다.

그러나 회답은 이성적임을 원하지 않았던 것이다. 만약 회답이 이성적임을 원했다면, 그것은 회답의 일부분 즉, 이성의 도구인 말에 의해서 표현되는 까닭에 불과하다. 그런데 모든 회답은 전설에 의해서, 행동에 의해서, 생에 의해서 표현된다.

종교는 그들에게 어떠한 하나의 회답, 또는 여러 개의 회답을 주는가?

"어떻게 구제되어야 할 것인가?"라는 이성적 문제에 대해서 이성적 회답을 요구하는 우연적인 사람들을 제외하고 다른 사람은 모두가 종교에 있어서 명료하고 정확한 다음과 같은 회답을 발견하는 것이다.

"신을 위하여 인신 희생을 바쳐라."

"신을 위하여 메카(이슬람교 제일의 성지) 혹은 메디나로 가라."

"신을 위하여 촛불을 밝히고, 성골(聖骨)에 입 맞추어라."

"신을 위하여 자기를 거부하라. 자기의 육신을 죽여라. 원수를 사랑하라. 재물을 가난한 자에게 주어라. 즉, 신을 위해서 깨닫는 것이 불가능한 자를 위해 그대가 착한 일이라고 생각하는 일 중에서 가장 착한 일을 하라."

이것은 무엇을 할 것인가에 대한 일반적인 회답이다.

그러나 옛날에는 그 이외에 어떻게 할 것인가에 대한 대답도 부여되었다. 게다가 그것은 비이성적인 또는 가장 하등한 존재물에 있어서도 이해하기 쉽고 도달할 수 있는—원숭이도 도달할 수 있는—그러한 회답이었다. 범례에 의한 회답이었다.

그런 회답에 있어서는 어떻게 희생물을 죽일 것인가, 어떻게 메카에 갈 것인가, 어떠한 의복을 입고 어떻게 먹을 것인가가 표시되어 있다.

모든 종교에는 지도자의 주요한 범례의 추종자가 많이 있다. 그러므로 오로지 그들의 흉내만 내면 된다. 종교에 대한 자신의 개인적 관계에는 구애됨이 없이 이를 바라볼 때 신앙의 회답은 이와 같다.

인간은 위험을 느끼고 구제를 구한다. 종교는 범례나 말로써 그에게 구제의 방법을 주는 것이다.

야만인에게 있어서 인신 희생은 이 세상의 생활의 위험, 즉 우레나 화재나 전쟁으로부터 구제이며 어떤 사람들을 위해서는 사후의 노한 신으로부터의 구제이다. 불교도에 있어서의 구제는 생활의 거부에 있다. 이슬람교, 그리스도교에 있어서도 역시 죽음으로부터의 구제이다.

그러므로 다음과 같이 말하는 것은 매우 자연스럽고 이성적인 것으로 생각된다.

"만약 야만인에게 있어서 살인이, 불교도에게 있어서 금욕주의가, 또한 그리스도교도에게 있어서 자기희생이 진리라고 생각된다면 진리는 하나인 까닭에 종교는 진리를 가지지 않았다는 것이 되며 따라서 허위인 것은 명백하다."

그러나 종교가 구하는 것은 외면적 진리는 아니고 구제이다. 그리고 구제의 각종 형식은 내용의 통일을 배제하지 않는 것이다. 통일은 개개인이 구제를 구하고, 그것을 자기 거부 속에서 구하는 데에 있다.

종교는 그것이 어떠한 것일지라도 개인적으로 각자를 하등의 모순을 나타내는 일 없이 완전히 만족시킨다.

만약 종교가 모순을 나타낸다면 인간은 그것을 변경한다. 야만인은 우상에 배반되는 것을 아무것도 모르는 동안은 자신의 의지로써 부정되고 우상으로써 구제된다.

그러나 만약에 이슬람교도가 신에 관하여 그에게 말한다면 그는 그 우상을 버릴 것이다. 그렇게 해도 거기에는 모순은 없는 것이다.

나는 그리스도교이다. 성상·성골·기적의 모순을 던져 버리고, 그리스도교적 구제의 방법으로 만족한다. 왜냐하면 자기의 거부 및 사랑의 근원의 유(類)에 속하는 보다 높은 근원을 알지 못하며, 또 상상하는 것이 불가능하기 때문이다.

이것은 모두가 매우 졸렬한 표현방법이다.

① 신에 대한 공포는 예지의 시초이다. 이 공포는 무엇으로 표현되는가? 이것은 우레·죽음·예언자를 통해서이다.

② 종교는 말에 의해서가 아니고, 행위와 범례에 의해서 표현되고 전달되는 것이다. 그 범례는 교장(敎長) 등이며, 후에는 그리스도였다.

③ 종교란 무엇인가? 인간적인 것인가? 혹은 신적인 것인가? 만약에 인간적인 것이라면 그것은 비이성적이다. 그러나 전 생활 및 죽음에 의해서 신에 이어진 것이다. 그렇다고 한다면 그것을 신의

것이라고 이름을 붙이지 않는다 할지라도 신적인 것이라고 이름 짓지 않고, 어떻게 이름을 붙여야 마땅할 것인가?

④ 어떠한 것이 진리적일 수 있는 한도에 있어서 자기 속에 모든—판명되고 있는—종교를 모순 없이 포함하는 종교는 신적이며, 진리적이다. 개인적인 감정과 신앙은 진리적인 것은 아니다. 그리고 모든 것을 포함하는 하나의 신앙, 그것만이 진리적이다.

주여, 그 신앙을 내려 주옵소서. 그리고 다른 모든 사람이 그것을 인식하는 일에 힘을 주옵소서.

3. 동물과 인간

종교는 무용지물이다. 과학이 그것을 대신할 것임에 틀림없다. 아니, 이미 대체되었다고 현대의 학자들은 단정했다.

그렇지만 옛날이나 지금이나 마찬가지로 어떠한 인간 사회도, 또 어떠한 이성적 인간도 종교 없이는 절대로 살지 못했고, 또 살아갈 수가 없다(나는 특별히 이성적인 인간이라고 말한다. 왜냐하면 비이성적인 인간은 동물과 마찬가지로 종교 없이도 살아갈 수 있기 때문이다).

이성적인 인간은 종교 없이는 살아갈 수 없다. 왜냐하면 종교만이 이성적인 인간들에게 무엇을 할 것인가, 무엇을 먼저 하고, 무엇을 다음에 할 것인가 하는 문제에 대한 필요 불가결한 지도를 하기 때문이다. 이성적인 인간이 종교 없이 살 수 없는 것은 이성이 인간의 본성이기 때문이다.

모든 동물은 자기 행위의 직접적인 결과에 대한 고려에 지배되면서 행위를 하도록 지도된다(자신의 욕구를 충족시키려는 단적인 요구에 의해서 좌우되는 행위는 제외한다). 동물은 자신이 가지고 있는 인식의 방법에 의해 그 결과를 생각하고 헤아린 뒤에, 자신의 행위를 그 결과에 적용시킨다. 그리고 항상 변함없이 그들의 고찰에 따라 동일한 방법으로 행동한다.

예컨대, 꿀벌은 꿀을 찾아 날고, 그것을 다시 벌통으로 날라 온다. 왜냐하면 자신 및 자식들을 위하여 겨울을 대비하여 식량을 모아두는 것이 필요하다는 사실을 알고 있기 때문이다. 그러나 이러한 생각 외에는 아무것도 알지 못하고, 또 알 수도 없다. 둥지를 짓는다든가, 북에서 남, 남에서 북으로 날아다니는 새도 마찬가지로 행동한다.

모든 동물도 역시 직접 눈앞의 필요에 따라서 발생하는 행위가 아니고, 기대되는 결과에 대한 고찰에 기초를 두는 행위를 할 때에는 그렇게 하는 것이 보통이다.

그렇지만 인간은 이와 다르다. 인간과 동물의 차이는 다음의 사실 속에 있다. 즉, 동물의 인식력이 우리의 본능에 국한되는 데 반해 인간의 근본적인 인식 능력은 이성이라는 것이다. 꿀을 모으는 꿀벌은 그것을 모으는 것이 착한 일인지, 악한 일인지에 대해 아무런 의심도 할 수 없다.

하지만 인간은 곡물이나 과실을 모으는 데 있어서 그는 장래에 곡물이나 과실의 성장을 절멸시키게 되지나 않을까, 이웃 사람의 식량을 빼앗는 것은 아닌가 하는 점에 대해 생각하지 않을 수가 없다. 또 인간은 자신이 지금 키우는 자식들이 장래에 어떻게 될 것인가, 하는 일 등등 기타 여러 가지 문제를 생각하지 않을 수 없다.

그러나 인생에 있어서 가장 중요한 문제는 이성적인 인간으로서는 철저하게 해결되어질 수 없다. 왜냐하면 그의 눈에 보이지 않는 결과가 너무나도 많기 때문이다.

이성적인 인간은 누구나 알고 있고, 적어도 느끼고 있다.

인생의 가장 중요한 문제에 있어서 개인적 감정의 충동에 의해서나 또 자신의 활동의 직접적 결과에 대한 고려에 의해서 지도되어서는 안 된다는 사실이다. 왜냐하면 우리가 보는 결과는 너무나도 각양각색이고, 게다가 또 때로는 모순되기—자기 및 타인에 대해 유익할 수도 있고, 유해할 수도 있기—때문이다.

다음과 같은 고담(古談)이 있다.

한 천사가 지상으로 내려와서 믿음이 깊은 어느 가정에 들어가 요람 속에서 자고 있던 아이를 죽였다. 그리고 어째서 그런 일을 저질렀느냐는 심문을 받았을 때 천사는 이렇게 대답했다.

"이 아이는 성장하면 극악무도한 인간이 되어 가족에게 불행을 줄 것이기 때문이다."

그러나 어떠한 인간생활이 유익한가, 무익한가, 혹은 해로운가 하는 문제뿐만 아니라 인생의 극히 중요한 문제는 이성적인 인간으로서는 모두 해결하지 못한다.

이성적인 인간은 동물의 행위를 지도하는 사랑만으로는 만족하지 못한다.

인간은 지상에서 생활하는 동물 가운데 하나로 볼 수도 있고, 혹은 가족의 일원 내지 수세기에 걸쳐서 생활하는 사회, 민족의 일원으로 볼 수도 있다.

그리고 또 영원히 존재하는 무한한 우주의 일부분이라고 볼 수도 있다. 아니 필연적으로 그렇게 보지 않으면 안 된다. 왜냐하면 이성이 불가항력으로 그를 거기에 끌어당기기 때문이다.

그러한 까닭에 이성적인 인간은 그의 행위에 영향을 줄 수 있는 무한히 작은 생활 현상에 대해서 소위 수학에서 말하는 적분을 하지 않으면 안 되었고, 또 언제나 그렇게 해 왔다.

즉, 이성적 인간은 인생의 가장 가까운 여러 현상에 대한 관계 이외에 시간·공간에 있어서 무한한 전 우주—그것을 혼연일체로 해석하면서—에 대한 자신의 관계를 결정했다.

다시 말해서 인간이 자신을 그 우주의 일부분으로 느끼고, 그로부터 자신의 행위의 지침을 끌어내는 전체에 대한 자신의 관계를 정하는 것이 이른바 종교이다.

따라서 종교는 언제나 이성적인 인간 및 인류의 생활상 필요 불가결한 조건이었으며, 또 늘 그렇게 되지 않을 수가 없는 것이다.

4. 신과 인간의 중간

　국민의 복지를 위하여 존재한다고 하는 정부가 그 복지를 공고히 하기 위해 어떠한 경우에도 국민에게 해가 되지 않는, 그리고 가장 유리한 결과를 가져올 수 있는 유일한 수단을 사용하도록 하지 않으면 안 된다는 것은 매우 당연한 일이라고 사람들은 생각한다.
　그러나 어느 나라의 정부도 결코 이 의무를 이행하지 않았을 뿐만 아니라, 오히려 언제나 어느 곳에서나 현존하는 허위인 쇠잔하고 미약한 종교를 아주 열심히 보호하고, 참된 종교의 근원을 국민에게 알리고자 한 사람들을 박해했다.
　실제 문제로서는 이것이 당연하다. 대체로 정부가 현존하는 종교의 허위를 폭로하고, 진실된 종교의 전도를 한다는 것은 나뭇가지에 걸터앉도록 한 자가 그 나뭇가지를 잘라 떨어뜨리는 것과도 같은 일이기 때문이다.
　그래서 만약 정부가 이를 하지 않는다고 한다면 허위 종교의 기만으로부터 해방되고 자기들을 양육한 국민에게 봉사할 것을 원한다고 하는 학자들이 확실히 이를 하지 않으면 안 될 것이다. 그러나 이 종류의 사람들도 역시 정부와 마찬가지로 이를 하지 않는다.

첫째로, 그들은 정부에 의해서 보호되는 기만을 폭로하는 일에 대해서 정부로부터 받을 박해의 불유쾌함과 위험을 감수하지 않으면 안 된다는 것을 부당하다고 생각한다. 게다가 그들의 신념에 의한다면 기만은 자연적으로 소멸되는 것이기 때문이라고 한다.

둘째로, 그들 학자들은 모든 종교를 이미 노쇠한 오류라고 생각하는 까닭에 학자들이야말로 이 기만을 파괴할 거라고 기대하는 국민들에게 제공할 아무것도 소유하지 않기 때문이다.

교회 및 정부의 기만이라는 최면술에 걸려 자기에게 주입되는 허위의 종교를 참된 종교라고 확신하고, 이외의 종교는 결코 있을 수 없다고 생각하는 무한한 사람들이 많이 남아 있다.

이들 대중은 끊임없이 격렬한 최면술에 걸려 있다. 그들은 대대로 승려와 정부가 그들을 움켜잡고 있는 마비상태에서 태어나고 생활하고 그리고는 죽는다.

설령 그들이 거기에서 해방되었다고 할지라도 그때는 종교를 부정하는 과학자의 일파에게 달려가기 마련이다. 그렇기 때문에 그들의 감화는 그 스승의 감화와 같이 유해무익하다.

그러한 까닭에 이 혼미 속에 있는 사회로부터 탈출한다는 것은 어느 사람에게 있어서는 불리하며, 또 다른 사람에게 있어서는 불가능한 일이다.

어떠한 탈출 방법도 없는 것처럼 생각된다.

사실 비종교적인 사람들이었다면 이 상태에서 탈출하는 방법은 아무것도 없다. 또 있을 수도 없다.

　높은 지배 계급에 속하는 사람들이었다면 대중의 행복을 원하는 것처럼 행동했다 하더라도, 대중이 지금 그 속에서 생활하고 있고, 지배 계급에 속하는 그들에게 대중을 지배할 가능성을 부여하는 저 미망(迷妄)과 노예로서의 노역을 전멸시키기 위하여 진심으로 일어선다는 것은 결코 있을 수 없는 일이다. 세속적인 목적으로 지도되고 있는 그들로서는 그것을 감행하지 못하는 것이다.

　마찬가지로 노예의 계급에 속해 있는 사람들도 역시 세속적인 목적으로 지도되고 있는 동안 거짓 종교를 폭로하고 참된 종교를 전도하기 위하여, 높은 계급과 투쟁으로써 자신의 고통스러운 처지를 더욱 고통스럽게 하려고 원할 수도 없는 것이다.

　어느 쪽의 계급도 이 일을 감행하여 이익을 얻을 수도 있다는 이야기는 성립되지 않는다. 그러므로 만약 그들이 현명하다면 결코 이를 감행하려고 하지 않을 것이다.

　그러나 종교적인 사람들—설사 사회가 제아무리 부패·타락했을지라도 그것이 없이는 인생이 존재할 수 없는 종교의 성화(聖火)를 목숨을 걸고 지키는 종교적인 사람들—에게 있어서는 그렇지 않다.

　현시대와 같이, 또는 이 종류의 사람들이 알지 못하는 시대 즉, 앞의 사람들에게 경멸과 냉소를 받고, 우리나라에 있어서와 같이 유배와 감옥의 영창 속에서 사람들에게 알려지지 않은 생활을 하는 시대가 가끔 있다.

그러나 그들은 존재한다. 인류의 합리적인 생활은 그들에 의해서 유지되는 것이다.

그리하여 아무리 그 수는 적더라도 종교적인 사람만이 인간을 가쇄로 얽매어 놓고 요술 사회를 파괴할 수 있으며, 또 파괴할 것이다. 그들은 이 일을 능히 할 수 있다.

왜냐하면 세속적인 인물로 인한 현재 사회의 조직에 반대하는 일을 방해하는 모든 불이익과 위험은 이들 종교적 인물의 장애가 되지 않을 뿐만 아니라 도리어 허위에 대항해서 싸우는 열의 및 그가 신의 진리라고 생각하는 일을 말과 행위로 설명하는 열의를 증대시키기 때문이다.

만약 그가 지배 계급에 속하는 사람이라면 그는 자기 자신의 위치의 이익을 도모하기 위하여 진리를 숨기려고 하지 않을 뿐 아니라 도리어 이러한 이익을 증오하고 자신의 정신력을 다하여 거기에서 자신을 벗어나게 하는 일과 진리를 설명하는 일에 노력한다. 왜냐하면 그는 이미 신에 대한 봉사 이외에는 다른 목적을 가지지 않기 때문이다.

만약 그가 노예화된 계급에 속하는 사람이라면 역시 마찬가지로 자기의 육체적 생활의 상태를 개선하려고 하는―자기와 같은 위치에 있는 사람들에게 공통된―욕망을 부정한 그는 허위를 폭로하고 진리를 설명함으로써 신의 뜻을 실행하는 이외에 다른 목적을 가지지 않을 것이다. 그리고 어떠한 고통이나 위협도 그가 자신의 생활에 있어서 인정하는 유일한 의의에 적합한 생활 방식에 벗어나도록 한다는 것은 불가능하다.

양자가 모두 이처럼 행동한다.

그것은 마치 세속적 인물이 부의 획득을 위해서 고난을 참으며 노력하는 것이 자연스러운 것과 같이, 또는 그 사람으로부터 이익을 얻고자 기대하는 일부 권력자에게 아첨하는 것이 자연스러운 것과 같다.

모든 종교적 인물은 이와 같이 행동한다.

왜냐하면 종교에 교화된 인간의 심령은 이미 비종교적 인물의 생활처럼 단순히 세속적 생활에만 젖어서는 살 수 없기 때문이다. 그리고 영원하고도 무한한 생활에 살기 때문이다.

그러기 위해서는 인생의 고뇌도, 죽음도 문제가 되지 않는다. 그것은 마치 밭을 가는 노동자가 그 손바닥에 생긴 굳은살이나 신체의 피로가 문제되지 않는 것과 마찬가지다.

대체로 보아 이러한 사람들이 인간을 쇠사슬로 얽어매고 있는 요술 사회를 파괴하고 말 것이다. 아무리 그 수가 적더라도, 아무리 그 사회적인 지위가 낮다 하더라도, 아무리 그 교양과 지력이 빈약하다 하더라도 이러한 사람들은 불길이 마른 초원을 태우듯이 전 세계를 불태울 것이다. 오랫동안의 무종교 생활에 의해서 말라 버린, 그리고 이제는 생명의 갱신을 갈망하는 사람들의 심정을 모두 불태워 버릴 것이다.

종교란 지난날에 있었던 것처럼 생각되고 있는 초자연적인 사건이라든가, 어느 기도 및 의식의 필요에 대해서 영원불변하게 정해진 신앙은 아니다. 또 과학자가 생각하는 것처럼 오늘날에 있어서는 아무런 의의도 없고, 인생에 적용도 되지 않는 옛날 무지한 사람의 미신의 유물도 아니다.

종교란 이성 및 그 시대의 지식과 일치하도록 설정된 영원한 생명에 대한, 즉 신에 대한 인간의 관계이다. 그 관계만이 인류를 그 정해진 목적을 향하여 전진시키는 것이다.

현명한 헤브라이의 잠언이 있다.

"인간의 심령은 신의 등불이다."

인간은 그 심령에 신의 빛이 불타지 않는 동안은 약하고 가련한 동물에 불과하다. 그렇지만 이 빛이 불탈 때에는—그것은 종교에 의해서 교화된 심령 속에서만 불타기 시작한다—인간은 세계에서 가장 강한 존재가 된다. 이것이 그렇게 되는 것은 당연하다. 왜냐하면 그때 종교에 의해서 교화된 사람 속에서 작용하는 것은 이미 그의 힘이 아니라, 신의 힘이기 때문이다.

파스칼의 공적

　인간의 명예욕은 미미한 허영·야망·공명 등 어떠한 형식으로 나타난다 할지라도 이처럼 사람들을 오랜 기간 동안 자기의 권력에 붙들어두고, 그렇게 공고히 때로는 생(生)을 마칠 때까지 덧없는 이 세속 생활의 허무함을 사람들에게 보이고, 또 이처럼 인생의 의의와 그 참된 행복의 이해로부터 사람을 멀리하는 것은 없다.

　모든 동물적 욕망은 그 가운데 벌을 내포하고 있으며, 동물적 욕망의 만족에 수반되는 고뇌는 그 허무를 폭로한다. 더더구나 모든 동물적 욕망은 나이와 더불어 쇠약해지지만, 명예욕은 나이를 더할수록 더욱더 치열하게 된다. 특히 인간이 명예를 동경하는 마음은 언제나 사람들에게 봉사한다는 생각과 같이 있다.

인간은 사람들의 칭찬을 받고자 할 때에는 자신을 위해 생활하는 것이 아니라, 그가 이제부터 칭찬을 얻고자 생각하는 사람들의 행복을 위해 생활하는 것과 같은 잘못된 생각을 가지기가 쉽다.

따라서 이것은 가장 교활하고 위험한 욕망이며, 다른 모든 욕망보다도 근절하기 어려운 것이다. 인간은 오직 위대한 정신력으로만 이 욕망으로부터 해방될 수 있다.

위대한 정신력은 이러한 사람들에게 신속히 커다란 명성을 떨칠 가능성을 주지만, 동시에 이 정신력은 명성의 허무함을 볼 수 있는 가능성도 준다.

파스칼은 이러한 인물이었다. 또 러시아인인 고골리도 이러한 인물이었다(나는 고골리에 의해서 파스칼을 이해했다고 생각한다). 이 두 사람은 성격도 완전히 틀리며, 그 지적 경향과 지식의 분량도 완전히 달랐지만 같은 경로를 밟았다.

두 사람은 모두 열망하던 명예를 매우 빨리 얻었다. 두 사람은 그것을 얻자마자 세계에서 가장 높고, 가장 귀한 행복이라고 생각되었던 것이 허무하다는 것을 바로 깨달았다. 그리하여 두 사람은 모두 여태까지 마음이 끌려가고 있었던 유혹을 두려워했다.

그들은 온 정신력을 동원하여 자기들이 이제 막 탈출한 '깨닫지 못한 집념'의 두려움을 남김없이 사람들에게 보여 주려고 했다.

그리고 환멸이 강하면 강할수록 무엇으로도 파괴될 수 없는 인생의 목적, 인생의 사명의 필요가 그들에게 절실하게 대두되었다.

파스칼이 신앙에 대해서 열정적인 관계를 가지게 된 원인은 거기에 있다. 또한 그들이 이전에 행한 모든 일을 경멸한 원인도 거기에 있다. 실제로 이러한 모든 일은 명예를 위하여 행해졌다. 그런데 명예는 이미 지나가 버렸다. 그 속에는 기만 이외의 아무것도 없었다.

따라서 그 명예라는 것을 획득하기 위하여 행한 모든 일은 무용할 뿐더러 어리석은 일이었다.

중요한 것은 오직 하나 이제까지 없었던 일로써 명예를 동경하는 세속적인 갈망에 의해 가로막혔던 일이다. 중요하고 필요한 일은 오직 하나이니, 그것은 무상한 인생에 의의를 부여하고, 인생 활동의 전부에 확고한 방향을 제시해 주는 신앙이었다.

그리고 신앙이 필요하다는 사실과 신앙 없이는 살 수 없다는 사실의 의식은 이런 사람들에게 강한 충격을 주기 때문에 그들은 인생과 다가올 죽음 사이의 의의를 설명하는 신앙이 없이 어떻게 그들 자신이 생활할 수 있었던가, 또 세상 사람들은 어떻게 살 수 있는가에 놀라지 않을 수 없었다.

이러한 사람들은 이 사실을 의식한 후, 그들이 이제 빠져나온 '깨닫지 못한 집념'의 두려움으로부터 사람들을 구제하고 신앙 없이는 살 수 없다는 것, 신앙만이 구제해 준다는 것을 보여 주기 위해 자기 지식과 정신의 전력을 경주한다. 파스칼의 말에 따른다면 사람들이 심연을 향해서 달릴 때, 그 사람들 자신의 앞을 가리는 막을 그 손에

서 빼앗고자 노력한다.

파스칼은 이러한 인물이었다.

그리고 이런 사실에서 그의 위대한, 평가하기조차 어려운, 또 아직 충분히 평가되지 않은 공적이 있다.

……

그의 생활의 전부는 이미 신에 대한 끊임없는 봉사였다.

그는 자신을 위해 생활 규칙을 정하고 태만에 의해서나 질병으로 인해서 회피함이 없이 엄격히 그것을 지켰다. 그는 가난을 선행(善行)의 근본으로 생각했다.

"빈곤과 곤궁은 죄가 아닐 뿐만 아니라, 그 가운데 우리의 행복이 있다. 그리스도는 가난하고 무일푼이었으며, 잠자리를 정할 곳조차 가지지 못했다."

파스칼은 가능한 모든 것을 전부 가난한 사람들에게 주고, 자신은 다만 필요한 몇 가지로만 생활했다. 그는 질병으로 말미암아 움직일 수 없을 때 이외에는 하인의 힘을 빌리지 않았다. 그의 주거(住居)는 식사나 의복과 마찬가지로 매우 검소했다. 그는 손수 자기 방을 청소했고, 자기 식사는 자신이 날랐다.

그의 병은 갈수록 심해져 그는 끊임없이 고통을 당했다.

그러나 그는 그 고통을 가까운 사람들이 놀랄 정도의 인내로 참고 견뎠을 뿐 아니라, 심지어는 환희와 감사로써 참아냈던 것이다.

그는 자기의 상태를 동정하는 사람들에게 말했다.

"불쌍히 생각지 마십시오. 병은 그리스도교도의 자연적인 상태입니다. 왜냐하면 그리스도교도가 항상 있지 않으면 안 될 상태가 그것이기 때문입니다. 병은 모든 행복과 동물적 욕망의 만족을 상실하는 데 익숙하게 만듭니다. 한평생 인간을 동요시키는 욕망을 삼가도록, 또 명예욕도, 탐욕도 없도록, 언제나 죽음을 기다리고 있도록 훈련시켜 줍니다."

그를 사랑하는 친지들이 그를 에워싸게 하려고 한 사치는 그를 괴롭혔다. 그는 누이동생에게 불치의 병에 걸린 빈민들의 병원으로 자기를 옮겨 줄 것을 부탁했다. 자기 생애 최후의 며칠을 그들과 더불어 보내려고 생각했다. 그러나 누이동생이 그의 소망을 들어주지 않아 그는 자기 집에서 죽었다.

그는 최후의 몇 시간 동안 의식을 잃고 있었다.

마침내 임종이 임박했을 때, 그는 침대에서 일어나 앉아 밝고 기쁜 표정을 얼굴에 띠면서 말했다.

"주여, 나를 버리지 마옵소서."

이것이 그의 최후의 말이었다.

2장

고뇌와 고독

고통을 느끼고 있는 사람에 대해 직접적인 사랑의 봉사를 하고, 고통의 원인인 인간의 죄과를 제거·소멸하고자 하는 활동은 인간이 행하지 않으면 안 될 유일한 기쁜 일이며, 그의 생활의 구성 요소인 불멸의 행복을 그에게 주는 유일한 것이다.

고뇌와 고독

1. 고민은 속죄이다

　귀하의 서한은 저를 매우 감동시켰습니다. 에브게니 이바노비치 씨, 나는 당신을 동정합니다. 당신의 고민이 나의 고민과 가까운 까닭에 특별히 동정하는 것입니다.
　우리는 모두 같은 일로 괴로워하는 것입니다. 우리는 모두가 자신의 과거의 죄과를, 현재 살아 있거나 또 과거에 죽은 형제들의 죄과를 짊어지는 것입니다. 그러므로 우리가 괴로워하고 있다는 것, 즉 고민을 느끼고 있다는 것은 고마운 일입니다.

고민은 즉 속죄입니다. 교육에 의해서도, 습관에 의해서도, 무위에 의해서도, 우리의 일부분은 의지가 약한 탓으로, 또 일부분은 다른 이유로 말미암아 탈출이 불가능합니다. 골수까지 타락해 버렸다 하더라도 우리가 과연 고통을 느끼지 않을 수 있겠습니까. 우리는 모두 이 방법, 혹은 다른 방법에 의해, 사실에 의해 또는 계획에 의해 자기를 더럽히고 그로 말미암아 괴로워하는 것입니다.

고통을 느끼지 않기 위해서는 우리가 자신의 죄과를 알지 못하는 것이―애인을, 아내를 사랑하는 자가 되어 그러한 모든 일들을 우리가 이전에도 그렇게 생각했던 것처럼, 착하고 염결(廉潔)한 일이라고 생각하는 것이 필요합니다. 그러나 우리에게는 고맙게도 그것을 할 수 있는 능력이 없는 것입니다.

그러니 우리에게는 하나의 일만 남아 있습니다. 우리가 견고한 자가 되기 전에 타락하고, 그리하여 고통을 느끼고, 잠시도 자신에게서 요구를 제거하는 일 없이, 시종 마찬가지로 괴로워하는 것입니다.

당신은 무기력하다, 귀찮다고 편지에 썼습니다. 나도 마찬가지입니다. 이것은 모두 같은 원인에서 일어나는 것입니다. 자기 자신이 싫다고 느끼는 일은 그치지만 않으면 되는 것입니다.

나는 당신을 위로할 힘도 없으며, 또 위로해 드리지도 못합니다. 다만 자신에게 바라는 하나의 일을 바랄 뿐입니다. 그것은 고통을 느끼는 일을 그치지 않는다는 것입니다.

이번에는 다른 말씀을 드리겠습니다. 결국은 그것도 한 가지 일에 관련된 것입니다만, 내가 최근에 생각이 미친 것이 어떤 일인지 아십니까? 우리(하나의 길을 나아가는 우리 전부)의 길은 특별히 곤란한 것으로 되어 가고 있다, 혹은 오히려 그러한 것으로 생각되기 시작하고 있다는 사실입니다. 환희나 신기한 것에 대한 열중, 광명으로 화하는 희열은 과거사가 되고 말았습니다. 실현 가능성은 더욱더 곤란하게 되고, 실현 가능성에 대한 환멸은 더욱더 빈번해집니다. 사람들의 악의와 우리의 과오를 볼 때 희열은 더욱더 강하게 됩니다.

낙오하는 사람들이 더욱더 많아집니다. 지금은 그러한 시대라는 생각이 듭니다. 그래서 나는 그것을 알고 있는 것을 기뻐합니다. 이들 모든 현상은 나를 슬프게 하지 않습니다.

중요한 것은 내 내적 감정—생활과 진리의 길에 대한 자각—이 조금도 쇠약하지 않았다는 것을 기쁘게 생각하는 것입니다. 오히려 그것은 공고한 것으로 변하고 있습니다.

하나의 약점은 시련이, 또 희생이 요구되고 있다는 것입니다. 당신은 어떠하신지요?

2. 육체의 고통

우리가 아프다고 느끼는 최초의 감각은 우리의 육체를 보존하고, 그 동물적 생활을 계속해 가는 데 있어서 첫째로 중요한 수단이라는 사실이다. 만약 이 아픔이 없다고 한다면 우리는 모두 소년 시절에 장난삼아 자신의 육체를 불로 지지기도 하고, 칼로 잘라내기도 했을 것이다.

육체의 고통은 동물의 개체를 보호한다. 그리고 그 고통이 개체의 보호를 위한 구실을 하고 있는 한도에서는 어린아이의 경우가 그러하듯이, 그 고통은 견디기 어려울 정도로 심한 고통은 될 수 없는 것이다.

우리가 이 고통을 견딜 수 없는 심한 고통으로 느끼는 것은 이성적 의식이 충분히 발달하여, 그 고통이 있어서는 안 되는 것이라고 인정하면서 그것에 반항할 때뿐이다.

고통은 동물 및 어린아이에 있어서 극히 한정적이고 소규모적인 것이며, 결코 이성적 의식이 부여된 생물이 느끼는 정도의 고통에까지는 도달하지 못하는 것이다.

우리가 흔히 보는 바이지만, 어린아이 때에는 벼룩에 물렸을 때 어떤 내장 기관이라도 파괴된 것처럼 몹시 울부짖으며 고통스러워했다.

그러나 이성을 가지지 않은 생물의 고통은 그 기억에 아무런 흔적을 남기지 않는다. 누구를 막론하고 그가 어릴 적의 고통을 생각해 내려고 애써 보면 알 것이다. 그는 자신 속에 그것에 관한 기억이 조금도 없을 뿐 아니라, 그것을 상상 속에 상기하는 힘조차 없다는 것을 알게 된다.

어린아이나 동물들의 고통을 목격하고 받는 우리의 인상은 그들 실제의 고통보다는 그 이상의 고통을 우리로 하여금 느끼게 한다. 이성을 가지지 않은 생물의 외면적 고통의 표정은 고통 그 자체보다도 측량할 수 없을 정도로 크기 때문에 우리의 동정도 훨씬 큰 정도로 환기되는 것이다. 이 현상은 뇌병, 열병, 티푸스, 기타 모든 고민에 있어서 볼 수 있다.

이성적 의식이 아직 눈뜨지 않고, 고통이 오직 개체의 보호를 위한 구실만 하는 시대에 있어서는 고통은 견딜 수 없는 것은 아니었다. 그런데 인간에게 이성적 의식이 눈뜨게 되면, 고통은 동물적인 자신을 이성에게 종속시키기 위한 수단으로 되고, 이 이성적 의식의 각성에 준하여 고통은 점차로 적어지는 것이다.

실제로 우리는 이성적 의식을 완전히 가지게 되었을 때에 비로소 고통에 관해서 말할 수 있다.

왜냐하면 이 상태에 들어가서야 비로소 생활이 시작되고, 우리가 고통이라고 부르는 생활의 상태가 시작되는 것이기 때문이다. 그런데 이 상태에 있어서는 고통의 감각은 최대량으로 신전(伸展)할 수도 있으며, 최소량으로 축소할 수도 있다.

실제로 생리학을 연구하지 않았을지라도 고통이라는 감수성에는 일정한 한계가 있다는 것, 아픔이 그 한계까지 강화되면 아프다는 감각이 정지되거나—실신·무지각(혼수)·발열과 같은 상태가 일어나거나—혹은 죽음이 시작된다는 것은 누구나 다 알고 있는 사실이다.

결국, 고통의 증가는 매우 정확한 한정량을 가지고 있어서 그 한계 이상으로는 벗어나지 못한다. 그런데 고통의 감각은 이에 대한 우리의 마음가짐 하나로 무한량 증대할 수도 있으며, 마찬가지로 무한량 축소할 수도 있다.

우리는 인간이 고통에 항거하지 않고 따르며 고통을 당연히 있는 것으로 인정함으로써 그 고통을 무감각의 상태로 이끌고, 그것을 견디며 참는 일에 기쁨을 느끼는 정도까지 어떻게 이르렀는가를 알고 있다.

순교자들의 일이나 불기둥 위에서 몸을 불태우면서도 노래를 부른 후스(보헤미아의 종교 개혁의 선구자)의 예를 들지 않더라도, 보통 사람들이 자신의 용기를 보이고 싶은 나머지 비명도 지르지 않고, 경련도 일으키는 일 없이 가장 고통스러운 것으로 알려져 있는 수술을 참고 견디는 것이다. 고통의 증대에는 한계가 있지만, 고통의 축소에는 한계가 없는 것이다.

아픔의 괴로움은 육체적인 생존을 자신의 인생이라고 생각하는 사람들에게는 참으로 무서운 일이다. 고통의 괴로움을 없애기 위해 사람에게 부여되어 있는 이성의 힘이 오직 육체적인 생존을 증대하는 일에만 기울여지고 있을 때, 어찌 그것이 그들에게 무섭지 않겠는가?

"신은 처음에는 인간의 일정한 수명을 정했으나, 후세에 그것이 인간을 위하여 좋지 않다는 것을 인정하고 그것을 현재와 같이 고쳤다. 즉, 인간이 죽는 시기를 알지 못하도록 정한 것이다."라는 신화를 플라톤이 말했지만, 이와 마찬가지로 인간은 처음에는 아픔의 감각이 없도록 만들어졌으나 후에 그들의 행복을 위하여 현재의 상태로 고쳐졌다고 하는 신화는 인간이 현재와 같은 형태로 존재하고 있다는 사실의 합리성을 매우 정확하게 가리키는 것이라 하겠다.

만약에 신이 사람을 고통의 감각이 없도록 만들었더라면, 사람은 바로 그러한 감각을 가지기를 원할 것이다.

여인에게 있어서 출산의 진통이 없다면 태어나서 무사히 자라는 아이는 많지 않을 것이다.

또 아이들이나 젊은이들은 스스로 자기 육체를 상하게 할 것이고, 성인들은 과거에 살았던 타인이나, 현재에 살고 있는 사람들의 죄과는 물론 자기 자신의 죄조차도 영구히 알지 못할 것이다.

즉 이 생활(인생)에서 무엇을 하지 않으면 안 되는가도 알지 못할 것이며, 활동의 합리적인 목적을 갖지도 않을 것이며, 눈앞에 닥치는 육체의 죽음에 관한 관념을 솔직하게 받아들이는 일도 불가능할 것이며, 사랑을 가지는 일도 없을 것이다.

인생을 이성의 법칙에 대한 자기 개성의 종속이라고 이해하는 사람에게는, 고통은 비단 악이 아닐 뿐만 아니라, 그의 동물적 생활에 있어서와 마찬가지로 이성적 생활에도 필수 불가결한 조건이다.

만약 고통이 없었더라면 동물적 개체는 자신의 법칙에서 벗어났을 경우에 적절한 지침을 갖지 못할 것이며, 또 이성적 의식이 고통을 경험하지 않았다면 사람은 진리를 알지 못하고, 자신의 법칙을 알지 못할 것이다.

그러나 이에 대해서는 이렇게 말하는 사람이 있을 것이다.

"당신이 자신의 고통에 대해서 말하는 것은 자유지만, 타인의 고통을 어찌 부정할 수 있는가? 이러한 고통을 보는 것은 가장 괴로운 고통일 터인데."

이러한 사람들은 약간 조롱하는 어조로 말할 것이다.

"타인의 고통이라니?"

그러나 타인의 고통 즉, 자네들이 고통이라고 부르는 것은 과거에 그친 일도 없었으며, 또 현재도 그치지 않고 있다. 사람이나 동물의 모든 세계는 고통을 당하고 있으며, 고통을 그친 일은 없었다. 도대체 우리는 오늘날에야 처음으로 이것을 알았다는 것인가?

부상·불구·기아·한기·질병 등 각종의 불행한 우연, 더욱이 그것이 없이는 그 누구도 이 세상에 나타나지 않았을 출산, 이러한 일들은 모두가 생존상 불가결한 조건이다.

그리고 그러한 고통이라는 것이 있기 때문에 그것을 감소시키고, 또는 고통에서 구조하고자 하는 과정에서 인간의 이성적 생활의 내용이 형성되어 가는 것이다.

사람들의 개인적인 고통 및 그 원인이 되는 인간의 죄과를 올바르게 파악하여 그러한 것을 제거하려고 하는 활동, 이것이야말로 인간 생활의 사업의 모든 것이다.

나라는 인간이 일개의 육체를 가진 존재인 것은 내가 다른 개체의 고통을 올바르게 이해하기 위해서이다.

또 내가 이성적 의식을 가진 존재인 것은 모든 사람 개개인의 고통 속에 고통의 원인인 인간의 죄과를 발견하여 자신 및 타인 속에 있는 그러한 것을 전멸시키기 위해서이다.

예컨대, 노동자에게 있어서 그의 일을 형성하는 재료가 어째서 고통이 될 수 있는가? 마치 농부가 일구지 않은 토지는 자기에게는 고통이라고 말하는 것과 같다. 일구지 않은 토지가 고통이 될 수 있는 것은 오직 갈아 놓은 토지를 보는 것은 좋아하지만, 그것을 일구는 일을 자기 생활의 사업이라고 생각하지 않은 사람에게만 있는 일이다.

고통을 느끼고 있는 사람에 대해 직접적인 사랑의 봉사를 하고, 고통의 원인인 인간의 죄과를 제거·소멸하고자 하는 활동은 인간이 행하지 않으면 안 될 유일한 기쁜 일이며, 그의 생활의 구성 요소인 불멸의 행복을 그에게 주는 유일한 것이다.

인간에게 있어서 고통은 오직 하나가 있을 뿐이다. 즉, 거기에는 유일한 행복만이 있는 저 생활로, 억지로 강요하여 사람을 가게 하는 고통만이 있는 것이다.

이 고통은 자기 및 전 세계에 있는 죄의식과 자기 및 전 세계의 생활 가운데 진리를 자신의 손으로 실현하는 것이 가능할 뿐만 아니라, 실현하지 않으면 안 되겠다고 하는 의식 사이에 모순된 의식이다. 이 고통을 감소하게 하는 일은 세계의 죄과에는 관여하면서 자신의 죄과에는 눈감아 버리려는 것으로는 불가능하다.

또 자기 및 전 세계의 생활 속에 있는 진리를 자기의 손으로 실현이 가능할 뿐만 아니라, 실현해야 한다는 것을 믿지 않으려고 해서는 더구나 불가능하다.

첫째 방법으로는 자신의 고통을 더할 뿐이며, 둘째 방법에 의한다면 살아갈 힘을 상실할 뿐이다.

이 고통을 감소하게 하는 것은 오직 개체의 생존과 인간이 의식하는 목적에서의 불균형을 없애는 참된 생활의 의식과 그 활동뿐이다.

인간은 싫든 좋든 간에 인식하지 않으면 안 될 것이다. 인간의 생활은 그 출생에서 죽음에 이르기까지 개인성에 의해 제한되는 것은 아니라는 사실, 그에게 의식되는 목적은 달성이 가능한 목적이라는 것, 그것에 대한 노력 가운데―자신의 죄를 더욱더 크게 의식하는 일 가운데 자신의 생활과 세계의 생활에 있어서 일체의 진리를 실현하는 일―전 세계의 생활과 분리할 수 없는 그의 생활의 사업이 현재 형성되고 있다. 그리고 과거에 있어서도 형성되었으며, 장래에도 형성될 것이라는 사실을 인식해야 한다.

3. 꿈

문득 생각해 보니 나는 지금 침상에 누워 있다. 별로 이렇다 하게 기분이 좋거나 나쁘지도 않다. 나는 반듯이 누워 있는 것이다. 그러나 곧 나는 누워 있는 것이 자신에게 좋은 것인지 어떤지를 생각하기 시작한다.

그랬더니 아무래도 발이 좀 불편한 것 같다. 침대의 길이가 짧은 것인가? 평평하지 않은가? 어쨌든 어딘가 편치 않았다. 나는 발을 움직여 본다. 그리고 동시에 어디에 어떻게 자고 있는 것인가라는 여태까지 머리에 떠오르지 않았던 일을 생각하기 시작한다.

나는 자신이 침대의 테두리에 가로와 세로로 끈을 잡아매고 그 위에 자고 있는 사실을 발견한다. 나의 발꿈치는 그러한 끈 위에 올려 있으나, 정강이는 또 다른 끈 위에 놓여 있다.

그 때문에 아무래도 발이 편치 않은 것이다. 어떻게 된 셈인지 그 끈들은 이동이 가능하다는 것을 나는 알고 있다. 그리하여 나는 두 발을 움직여 제일 가장자리 쪽의 끈 하나를 발 아래로 밀어젖혔다. 그렇게 하는 것이 편할 것처럼 생각되었기 때문이다. 그러나 나는 그것을 너무 지나치게 멀리 밀어젖혔다. 그래서 다시 두 발을 움직여 그것을 잡아당기려고 한다.

그러나 그 운동의 결과 정강이를 지탱하던 다른 끈 하나가 다시 벗겨져 두 다리가 축 늘어진다.

그렇지만 나는 곧 편하게 고칠 수 있다고 믿고 있으므로, 이번에는 온몸을 움직여 그것을 고치려고 한다. 그러나 이 운동으로 말미암아 내 몸을 지탱하던 다른 끈 몇 개가 또 벗겨지기도 하고 헝클어지기도 하여 이번에는 아주 불편하게 되어 버렸다.

하반신이 축 늘어지게 되고, 게다가 발끝이 땅에 닿지 않는 것이다. 나는 등의 상부만으로 몸을 지탱하고 있다. 그래서 나는 이제는 불편하다는 것보다 어쩐지 무서워진다.

나는 비로소 자신에게 반문한다. 이제까지 한 번도 머리에 떠오르지 않은 일에 대해서 반문한다. 나는 나 자신에게 묻는다.

'나는 도대체 어디에 있는 것인가? 나는 무엇 위에 누워 있는가?'

나는 주위를 돌아보기 시작한다. 그리하여 무엇보다도 먼저, 내 몸이 축 늘어져 있는 아래쪽을, 곧 떨어질 것만 같이 생각되는 아래쪽을 나는 바라본다. 나는 멀리 아래쪽을 바라본다.

그리고 나는 자신의 눈을 의심한다. 나는 높고 높은 탑이나 산꼭대기와 같은 그러한 정도의 높이가 아니고, 이제까지 한 번도 상상할 수 없었던 엄청나게 높은 곳에 있다.

나는 현재 자신이 그쪽으로 하반신을 늘어뜨리고 있는, 그리고 곧 떨어져 내려갈, 아득한 아래쪽의 깊이를 알 수 없는 심연에 무엇이 보이는지 어떤지조차 상상할 수 없다.

심장의 고동은 진정된다. 그리고 나는 맹렬한 공포에 사로잡힌다. 아래쪽을 보기만 하면, 바로 최후의 끈이 벗겨져 죽게 될 것만 같다. 그래서 나는 보지 않는다. 그렇지만 보지 않는다는 것은 한결 더 무서움을 가져온다.

왜냐하면 곧 최후의 끈이 끊어지면, 어떤 일이 내 몸에 일어날 것인가 생각되기 때문이다. 나는 공포에 질린 나머지 아래로 아래로 내 등이 서서히 미끄러져 내려가는 것을 느낀다.

이제 한순간만 지나면 나는 낙하해 버리는 것이다.

이때 하나의 생각이 내 머리에 떠오른다. 이것은 현실일 수 없다. 꿈이다. 눈을 떠라. 나는 눈을 뜨려고 한다. 그러나 되지 않는다.

'어떻게 하면 좋단 말인가? 도대체 어떻게 하면 좋을 것인가?'

이렇게 나는 혼자 중얼거리면서 위를 쳐다본다.

위쪽도 마찬가지로 무한한 심연이다. 나는 하늘의 이 심연을 쳐다보고, 하계(下界)의 심연을 잊으려고 애쓴다. 그리고는 정말로 잊어버린다.

하계의 무한한 심연은 나에게 반발하여 공포에 떨게 한다. 그러나 하늘의 무한은 나를 끌어당기며, 나에게 안도감을 준다.

나는 여전히 심연 위의, 아직 벗어져 나가지 않은 최후의 끈에 등을 의지하고 매달려 있다.

그러나 나는 오직 하늘 쪽만을 응시한다. 나의 공포는 사라진다. 꿈속에서 흔히 있듯이 누군가의 목소리가 빠른 속도로 지나가 버린다. 잘 보라, 이것이 그다! 그래서 나는 무한한 먼 하늘의 저편을 응시한다. 그렇게 한 결과, 마음이 안정되는 것을 느낀다.

  과거의 모든 일들을 회상해 본다. 발을 버둥거렸던 일, 그로 말미암아 무한한 심연 위에 매달리지 않으면 안 되게 된 일, 맹렬한 공포 때문에 떨었던 일, 그리고 최후로 하늘을 보기 시작함으로써 구원된 일을 회상한다. 나는 자신에게 질문한다.

  '지금은 어떠한가. 변함없이 전과 같은 상태일까?'

  그리고 나는 주위를 살펴보고 발견한다고 하기보다는 오히려 나 자신의 온몸에 의해서 내 자신의 육체를 지탱하고 있는 지주(支柱)를 감지한다. 나는 이제는 종전 같은 상태로 매달려 있는 것이 아니고, 낙하할 염려도 없이 튼튼하게 받쳐져 있는 사실을 발견한다.

  '어떤 모양으로 내 몸이 지탱되고 있는가.'

  나는 자신에게 물어본다.

  나는 몸을 꼬집기도 하고 주위를 둘러보기도 한다.

  마침내는 자기 밑에, 내 몸의 중앙부 밑에 한 가닥의 끈이 통해 있고 그것에 몸이 지탱되고 있다는 사실을 발견한다.

  그리고는 위쪽을 쳐다보며 그 끈의 중앙인 평형을 유지한 위치에 누워 있다는 사실, 지금까지 나를 지탱한 것이 단 한 가닥의 끈이었다는 사실을 발견한다. 그리고 이 경우에도 역시 꿈속에서 흔히 보듯이 내 몸을 지탱하는 그 기계의 구조가 잠을 깬 뒤에는 실로 하찮은 것인데도 불구하고 매우 자연스러운, 의심할 여지가 없는 것으로 생각되었던 것이다.

그뿐 아니라, 어찌하여 이제까지 이것을 이해하지 못했던가 하고 꿈속에서도 나는 스스로 놀랐던 것이다.

자세히 보니, 내 머리 쪽으로 기둥이 하나 서 있지 않은가.

그리고 이 기둥이 튼튼하다는 것은 그것이 어떠한 지반에 박혀 있지 않음에도 불구하고 조금도 의심할 여지가 없다.

대체로 나에게는 이러한 일들이 명백하게 되었다.

나는 기뻐하고 안도감을 가진다.

그리고 누군가가 나에게 속삭이는 것같이 느껴진다.

"조심하라. 잊어서는 안 된다!"

나는 꿈에서 깨어났다.

생과 사

1. 슬픈 법열

다음날 밤늦게, 나는 다시 한 번 어머니의 얼굴이 보고 싶었다. 자연히 솟아오르는 공포의 염(念)을 억제하고, 나는 가만히 문을 열고 발소리를 죽여 넓은 방으로 들어갔다.

방 한가운데 탁자 위에 관이 놓여 있고, 그 주위에는 높은 은촛대에 꽂힌 양초가 반쯤 탄 채, 불을 밝히고 있었다. 멀리 떨어진 한구석에는 수도자 한 사람이 앉아 있었으며, 낮고 단조로운 음성으로《성경》의 〈시편〉을 읽고 있었다.

나는 문 입구에 선 채로 방 안을 응시했으나, 심하게 운 탓으로 눈은 통통 부어 있고, 게다가 몹시 피로했으므로 아무것도 분별할 수 없었다.

양초의 불빛, 금실로 무늬를 놓은 화려한 비단, 비로드, 커다란 촛대, 둘레를 레이스로 수놓은 장밋빛 베개, 화환, 리본이 달린 실내용 모자 그리고 납빛으로 된 투명한 물체……. 이러한 모든 것이 어쩐지 이상하게 하나로 융합되어 있었다.

나는 어머니 얼굴을 똑똑히 보려고 의자 위에 올라섰다. 그러나 얼굴이 있어야 할 곳에 누르스름하고 투명한 것이 보였다. 그것이 어머니의 얼굴이라고는 아무래도 믿어지지 않았다.

나는 다시 한 번 자세히 들여다보았다. 조금씩 기억에 남아 있는, 그리운 윤곽을 분별할 수 있게 되었다. 결국 어머니임을 확신하게 되자, 나는 공포에 질린 나머지 몸을 떨었다.

'도대체, 어찌하여 감은 눈이 저렇게도 움푹 들어갔단 말인가?'

'어째서 저렇게도 창백한 빛깔이 되었단 말인가?'

'왜 얼굴 전체의 표정이 저렇게도 엄하고 차가울까?'

'어째서 입술은 저렇게도 창백하고, 그 윤곽은 신성할 만큼 아름다울까?'

'첫눈에 보았을 때, 내 등골이나 머리에 오한이 일도록 이 세상 것이 아닌, 정숙함을 나타내고 있는 것일까?'

나는 가만히 들여다보고 있는 동안, 일종의 이해할 수 없는 힘이 생명이 없는 얼굴로 시선을 끌어당기는 것을 느꼈다. 나는 그 얼굴에서 잠시도 눈을 떼지 않았다. 그러자 상상은 내 눈앞에 생명과 행복이 넘쳐흘렀던 시대의 광경을 계속 그려 보였다.

눈앞에 누워 있는 시체, 나의 추억과 아무런 관계가 없는 것처럼 조용히 무의미한 표정을 짓고 있는 시체, 나는 이것이 어머니라는 사실을 자칫하면 잊을 것만 같았다. 나는 미소 짓는 쾌활한 살아 있는 어머니를 여러 가지 모습으로 상상해 보았다.

문득 창백한 얼굴의 어느 한 부분에 눈길이 닿았을 때 소스라치게 놀랐다. 나는 무서운 현실을 상기하고 몸을 떨었으나, 그래도 눈은 다른 곳으로 옮기려고 하지 않았다.

이윽고 다시 공상이 현실로 변하기도 하고, 현실의 의식이 공상을 무너뜨리기도 했다. 마침내 상상이 피로에 지쳐, 더 이상 나를 속일 수 없게 되었다.

현실의 의식도 함께 사라져 버리고 나는 완전히 전후를 잊게 되었다. 이런 상태로 얼마나 시간이 지났는지, 또 이런 상태란 어떤 상태인지 나는 알지 못한다. 다만 틀림없는 것은 내가 한때 자신의 존재의식을 잃고 무엇인가 신성하고 장엄한 말로 표현할 수 없을 만큼 상쾌한, 그리고 어쩐지 슬픈 법열(法悅)을 경험했다는 사실뿐이다.

2. 자살

일반적으로 인간이 자신을 죽일 권리를 가지고 있는가 없는가 하는 문제는 제기 방법이 틀린 것으로 생각된다.

그것은 권리라고까지 말할 것도 못 된다. 문제는, 다만 자기를 죽인다는 것이 합리적인가, 도덕적인가(이성적인 것과 도덕적인 것은 언제나 일치한다) 하는 것이다. 이것은 비이성적이다.

그 생명은 멸망되어 버리는 것은 아니고, 다만 성장의 방법이 올바르게 되지 않을 따름이다. 생명을 멸할 수는 없다.

그것은 시간이나 공간 이외에 있다. 그러한 까닭에 죽음은 생명의 형태를 바꾸고, 이 세계에서 그 출현을 중단시킬 수 있는 것뿐이다. 또 이 세계에서 그것을 중단시킨다면 나는 무엇보다도 먼저 별개의 세계에서의 출현이 보다 더 유쾌한 것인지 어떤지를 알지 못한다. 또 둘째로 생명을 중단시킨다는 것은 이 세계에 있어서 획득할 수 있었던 일체의 것을 자기의 것으로 만들고, 또 획득할 가능성을 자신에게서 빼앗는 것이다.

그뿐이 아니라 아니 중요한 일이지만, 이것이 비이성적이라는 사실은 나의 생활이 불유쾌한 것으로 생각된다는 이유로 그 생활을 중단할 경우, 그것은 자신의 생활의 사명에 관한 그릇된 개념을 가지고 있다는 것을 나타내기 때문이다. 나는 나 자신의 생활의 사명

이 한편으로는 개인적인 완성이고, 다른 한편으로는 세계 전체의 생활에 의해서 완성되는 사업에의 봉사라고 생각한다.

이와 같은 이유에서 자살은 부도덕하다.

인간에게는 생활의 전부가―그리고 자연사에 이르기까지 산다는 가능성이―그가 세계의 생활에 봉사한다고 하는 조건하에서만 부여되는 것이다. 그런데 그는 생활이 그에게 있어서 유쾌했을 때 그것을 이용하지만 생활이 그에게 불유쾌한 것으로 되자, 생활에 의한 세계의 봉사를 거절하는 것이다. 그러나 실제로는 아마 이 봉사가 시작되는 것은 생활이 불유쾌한 것으로 되기 시작한 그때부터일 것이다.

모든 일은 처음에는 불유쾌하게 생각되는 것이다. 오프티나 수도원에서 30년 이상이나 왼손만을 움직일 수 있는 마비 증세로 수도승이 누워 있었다. 의사는 그가 몹시 괴로워하지 않으면 안 될 것이라고 했다. 그러나 그는 단순히 자신의 정욕에 대해서 불평하지 않았을 뿐만 아니라 항상 성호를 긋기도 하고, 성상(聖像)을 바라보고 미소를 짓기도 하면서 신에 대한 자신의 감사와, 그의 속에 점화된 생명의 불꽃에 대한 기쁨을 나타내고 있었다. 수만 명의 방문객이 그를 방문했다.

그리고 이 활동의 모든 가능성을 상실한 인간으로부터 세계에 전파된 모든 선은 상상하는 것조차 곤란한 것이다. 확실히 그는 자신들의 각종 시선을 통해 세계에 봉사한다고 상상하는 수천 수만의 사람들보다 많은 선을 행하고 있는 것이다.

인간에게 생명이 있는 동안 그는 자기를 완성시키고 세계에 봉사할 수 있다. 그러나 세계에 봉사하는 것은 자기를 완성시켜 갈 때 비로소 가능한 것이며, 또 자기를 완성시키는 것은 세계에 봉사할 때 비로소 가능한 것이다.

3. 부활

지금도 기억이 뚜렷한 어느 이른 봄날에 일어난 일이었다.

나는 나무를 스쳐 가는 바람 소리에 귀를 기울이면서 숲속에서 걸음을 멈추었다. 나는 가만히 지나가는 바람 소리에 귀를 기울이면서, 지난 3년 동안 끊임없이 골똘히 생각해 온 바로 그 생각을 하고 있었다. 나는 다시 신을 찾고 있었던 것이다.

'그래. 그 어떠한 신도 존재하지 않는다!'

나는 이와 같이 생각하기도 했다.

'나의 상상이 아닌 나의 생활처럼 실재하는 그러한 신은 존재하지 않는다. 그런 것은 결단코 없다. 그 누구도, 어떠한 기적도 이러한 신의 존재를 입증할 수는 없다. 왜냐하면 그러한 기적 자체가 역시 나의 상상이며, 더욱이 지극히 비이성적인 상상이기 때문이다.'

그러나 나는 다시 자신에게 반문해 보았다.

'그러나 내가 찾고 있는 이러한 관념은? 그리고 신에 대한 관념은 어디에서 온 것일까?'

이렇게 생각해 보니 기쁨에 들떠 춤추는 듯한 생명의 파도가 다시 힘차게 나의 내부에서 일어나는 것 같았다. 주변에 있는 모든 것들이 생생하게 되살아나고, 모두가 그 나름대로의 의의를 갖는 것만 같았다. 그렇지만 내 기쁨은 오래 계속되지 않았다. 지혜가 그 활동을 계속하고 있었기 때문이다.

"신의 관념이 신은 아니다."

나는 다시 자신에게 말했다.

"관념이란 나의 내부에서 만들어지는 것이다. 신에 대한 관념은 내 스스로가 만들고 파괴할 수 있는 것이다. 이것은 내가 찾고 있는 것이 아니다. 그것 없이는 살아갈 수 없는 것, 그것을 나는 찾고 있다."

이러한 사색 속에 헤매고 있을 때 나의 내부와 주변에 있는 모든 것이 죽어가기 시작했다. 이 순간 나는 자살을 생각하지 않을 수 없었다.

그러나 나는 여기서 내 자신을 돌이켜보았다. 그리고 나의 내부에서 몇 백 번이나 되풀이된 절망감과 소생감을 생각해 보았다. 또한 신을 믿었을 때만 보람 있게 살 수 있었던 것을 생각했다.

이전과 마찬가지로 지금도 역시 그러하다. 신을 인식함과 더불어 사는 보람을 느끼는 생활을 할 수 있다. 신을 잊고 신에 대한 신앙을 잃으면 나는 자살할 수밖에 없는 막다른 처지에 빠질 것이다.

이와 같은 절망감과 소생감은 도대체 어떠한 것일까?

신의 존재에 대한 신앙을 잃었을 때 나는 살아 있는 것이 아니었다. 신을 찾아보려는 희망이 없었다면 나는 벌써 자살하고 말았을 것이다.

그러나 이와 반대로 신을 느끼고 신을 탐구하고 있을 경우에만 나는 살아 있다. 참으로 사는 보람이 있다는 심정으로 살고 있는 것이다.

"대체 이것 말고 내가 무엇을 구하는가?"

이러한 소리가 내 내부에서 일어났다.

"이것이 바로 신이다. 이것 없이는 살아갈 수 없는 바로 그것이다. 신을 안다는 것과 산다는 것은 똑같다. 신은 바로 생명이다. 신을 찾아서 살라. 그렇게 하면 신이 없는 생활이란 있을 수 없을 것이다."

이와 같이 스스로 깨닫자 내 주위에 있는 모든 사물은 한결 밝고 찬란하게 여겨졌다. 그리고 이러한 빛은 이후 결코 나를 버리지 않았다. 이리하여 겨우 나는 자살에서 구원되었던 것이다.

언제, 어떻게 내 내부에 이러한 대전환이 일어난 것인지 나는 그것을 말할 수 없다. 어느 틈엔가 나도 모르게 삶의 힘이 내 내부에 부활해 온 것이다. 그리고 내 내부에 부활한 그 힘은 새로운 것이 아니라 내 생애의 초기에 나를 지배해 온 힘이었다.

나는 모든 점에서 가장 오래된 나의 어린 시절, 청년 시절로 되돌아간 것이다. 나는 나를 창조하고 그 무엇인가 바라는, 눈에 보이지 않는 의지에 대한 신앙으로 되돌아갔다.

내 삶에 있어서 유일하고도 절대적인 목적인 보다 훌륭한 사람이 된다는 자각, 즉 이러한 의지와 좀 더 융화하여 살아가야만 한다는 자각으로 되돌아갔다.

그리고 나는 이 의지의 표현을 내가 짐작할 수 없는 멀고 먼 과거에 있어서 인류가 자기의 길잡이로써 창조한 것 중에서 발견하는 것이 가능하다고 하는 믿음으로 되돌아갔다.

다시 말해서 삶에 의미를 주는 신과 도덕적 완성에 대한 신앙, 인생에 의미를 부여하는 전통에 대한 신앙으로 되돌아간 것이다.

단지 지난날에 있어서는 이러한 것들을 무의식적으로 받아들이곤 했지만 현재의 나는 신앙 없이는 살아갈 수 없다는 사실을 인식한다. 이 점이 달랐다.

이 당시 나의 심적 상태는 바로 이러했다. 나도 모르는 사이에 작은 배를 타고 그 어느 강기슭에서 밀려나가 건너편 언덕 방향을 향해 서투른 솜씨로 노를 잡고 홀로 강물에 내동댕이쳐진 그런 느낌이었다. 나는 힘이 닿는 데까지 노를 저어 움직여 나갔다. 그러나 강 가운데를 향해 저어감에 따라 강물이 급류로 변하여, 나는 내가 가고자 하는 방향과는 다른 반대편으로 떠내려갔다.

그리고 나와 마찬가지로 급류에 휩쓸려서 내려가는 뱃사람을 만나는 횟수도 더욱 빈번하게 되었다. 혼자서 애써 노를 젓는 사람이 있는가 하면, 노를 내던지고 노 젓기를 단념한 사람들도 있었다. 많은 사람을 가득 실은 큰 배도 보였다. 어떤 사람은 강물을 거슬러 올라가고, 어떤 사람은 강물이 흐르는 대로 떠내려가고 있었다.

나는 이러한 순간 내가 갈 진로를 생각해 보았다. 그리고는 나는 강물을 거슬러 건너편 언덕 쪽으로 저어 나갔다.

건너편 언덕은 곧 신이었고, 진로는 전설이며, 그리고 노는 언덕에 도달하기 위해서, 즉 신과 합치되기 위하여 내게 주어진 자유였던 것이다.

이와 같이 삶의 힘은 나의 내부에 부활한 셈이다. 이렇게 함으로써 나는 다시 새 생활을 시작했던 것이다.

4. 생의 의문과 대지식의 일언(一言)

"우리는 생으로부터 멀어지면 멀어질수록 그만큼 진리에 접근하는 것이다. 진리를 사랑하는 우리는 이 세상의 생애에서 무엇을 바라고 곧장 나아가는가? 그것은 육체로부터의, 육체의 생활이 빚어내는 모든 악으로부터의 해탈을 바라고 나아가는 것이다. 그런데 죽음이 우리에게 다가오는 것을 어떻게 기뻐하지 않을 수 있단 말인가? 현인(賢人)은 일생을 통해서 자기의 죽음을 탐구한다. 따라서 그에게는 죽음이 두렵지 않은 것이다."

죽음에 임하여 소크라테스는 말했다.

쇼펜하우어는 다음과 같이 말하고 있다.

"세계의 내적 본질을 의지로 인식하고, 이해할 수 없는 자연의 힘의 무의식적인 발동(發動)에서 충분한 의식을 수반하는 우리의 활동에 이르기까지 모든 현상 속에서, 오직 이 의지의 객관적 발현만을 인식한다면 그와 동시에 우리는 불가불 의지의 자유로운 부정과 아울러 자기 부정과 함께 모든 현상도 소멸해 버린다는 이론적 결과를 피할 수 없다.

이 세계의 근거가 되는 의지의 객관적 발현의 정도에 있어서, 목적도 없고 휴식도 없이 행해지는 끊임없는 약진으로 충동도 소멸하고, 연속적 형식의 각종 잡다한 발현도 소멸하며, 동시에 시간과 공간을 가진 모든 현상도 소멸해 버린다. 그리고 마침내는 최후의 가장 근본적인 형식인 주체와 객체까지도 소멸해 버린다고 하는 이론적 결과를 피할 수 없다.

의지가 없으면, 개념도 없고 이 세계도 없다. 이 경우 우리 앞에 남는 것은 물론 아무것도 없다. 그렇지만 완전히 사라지는 이 전환을 우리의 본성이 싫어한다는 점, 거기에 우리는 우리 자신과 우리의 세계를 조성하는 생존에 대한 삶의 의지를 발견하게 된다. 즉, 우리가 이토록 완전히 없어지는 것을 두려워한다는 사실, 혹은 우리가 이토록 삶을 원한다는 사실은 바로 우리 자신이 그러한 생의 욕망 이외의 아무것도 아니라는 사실, 그 이외의 아무것도 알지 못하는 존재라는 사실을 표시하는 것이다.

그러므로 이러한 우주에서 의지가 완전히 사라진 후에 아직도 각종 의지로 충만되어 있는 우리들 앞에 남게 되는 것은 물론 하나도 없다. 게다가 자기 내부의 의지에 자기부정을 한 사람들에게 있어서도, 이토록 실제적인 우리의 이 세계가 태양과 은하 등의 일체와 더불어 무로 돌아가 버리는 것이다."

솔로몬은 이렇게 말했다.

"헛되고 헛되다! 모든 것이 헛되다! 사람이 세상에서 아무리 애쓴들 무슨 보람이 있는가? 한 세대가 가고, 또 한 세대가 오지만 세상은 항상 그대로이다. 해는 여전히 뜨고, 또 여전히 져서 제자리로 돌아가며, 거기에서 다시 떠오른다. 전에 있었던 것은 또 후에도 있을 것이며, 전에 이루어진 일은 또 후에도 이루어질 것이다. 이 세상에 새것이란 없다. '보아라! 이것이 새로운 것이다'라고 가리켜 말할 수 있는 것이 있는가? 그것은 우리 앞의 세상에서 이미 오래전부터 있었던 것들이다. 지나간 세대는 잊혀지고, 또 앞으로 올 세대도 그 다음 세대가 기억해 주지 않을 것이다.

나 전도자는 예루살렘에서 이스라엘의 왕이 되어 다스리는 동안에 심혈을 기울이고 지혜를 동원하여, 하늘 아래에서 행해지는 온갖 일을 살펴서 알아내려고 지혜를 짜며 심혈을 기울였다. 하느님은 왜 사람을 이 괴로운 일에 얽어매어 꼼짝도 못하게 하시는 걸까?

나는 세상에서 벌어지는 온갖 일을 보니 그 모든 것이 헛되며, 바람을 잡으려는 것과 같다. 나 스스로 내 마음속에 말했다. '나는 지혜를 많이 쌓았다. 이전에 예루살렘에서 다스리던 어느 누구보다도 나는 많은 지혜를 얻었도다. 지혜와 지식을 쌓는 일에서 나보다 더 많은 경험을 한 사람은 없다.' 나는 또 무엇이 슬기롭고 똑똑하며, 무엇이 얼빠지고 어리석은 것인지를 구별하려고 심혈을 기울였으나 이것 역시 바람을 잡으려는 것과 같음을 깨달았다. 대체로 지혜가 많으면 번뇌도 많고, 지식이 많으면 걱정도 많더라.

나는 혼자서 이런 생각도 해보았다. '내가 시험삼아 그대를 즐겁게 해 줄 것이니, 그대는 마음껏 즐겨라.' 그러나 이것도 헛된 일이다. 알고 보니 웃는 것은 '어리석음'이고, 즐거움은 '쓸데없는 것'이다.

나는 지혜를 갈망하면서도 술로써 내 육신을 즐겁게 하고, 즐거움을 누려 보려고 마음먹은 적도 있다. 참으로 어리석게도 이렇게 사는 것이 일생을 가장 보람 있게 사는 것이라고 생각했다.

나는 여러 가지 큰일을 성취했다. 나를 위하여 궁전을 세우고, 여러 곳에 포도원도 만들었다. 나는 정원과 과수원을 만들고 과실이 열리는 모든 나무를 거기에 심고, 또 연못을 만들어 수목들이 무성한 숲에 물을 주게 했다. 나는 노비를 사들이기도 했고, 집에서 씨종들이 태어나게도 했다. 나는 또, 지금까지 예루살렘에 살던 그 누구도 가져 본 적이 없을 만큼 많은 소와 양 떼를 가져 보았다. 나는 금은을 쌓았으며, 왕들이 가지고 있던 여러 나라의 보화도 모아 보았으며, 노래 부르는 남녀를 거느리고, 남자들이 좋아하는 처첩도 많이 거느려 보았다.

이리하여 나는 위대한 자가 되었으며, 일찍이 예루살렘에 살던 어느 누구보다도 큰 세력을 가진 사람이 되었다. 지혜가 늘 내 곁에서 나를 깨우쳐 주었다. 대체로 내 눈이 즐기는 것은 나는 금하지 않았으며, 또 내 마음이 기뻐하는 것은 금하지 않았다. 나는 하는 일마다 모두 자랑스러웠다. 이것은 내가 고생하여 얻은 나의 몫인 셈이었다. 그러나 내 손으로 성취한 모든 일과 이루기 위해 애써 일한 노고를 돌이켜 보니, 참으로 세상 모든 것이 헛되고, 바람을 잡으려는 것과 같고, 아무런 보람도 없는 것이었다.

하늘 아래에는 이익이 되는 것이 없다. 나 또한 무엇이 슬기로운 일이며, 무엇이 얼빠지고 어리석은 일인지 알려고 애써 보기도 했다.

나는 알고 있다. 지혜 있는 사람에게나 어리석은 사람에게나 똑같은 운명이 똑같이 닥친다는 사실을. 그래서 나는 스스로 물었다. '어리석은 자가 겪을 운명을 나도 또한 겪을 터인데, 무엇을 더 바라고, 내 어찌 지혜를 더 얻으려고 애썼는가?' 그리고 나 스스로 대

답했다. '이 또한 헛되다.'

지혜가 있다고 해서 오래도록 세상에 기억되는 것도 아니다. 지혜가 있는 자나 어리석은 자나 사람들의 기억에서 영원히 사라져 버린다. 또한 슬기로운 사람도 죽고 어리석은 사람도 죽는다. 그러므로 산다는 것이 다 덧없는 것이다. 인생살이에 얽힌 일들이 나에게는 모두 괴로움이다. 즉, 모든 것이 헛되며 바람을 잡으려는 것과 같다.

세상에서 내가 애써 이루어 놓은 모든 것을 내 뒤를 이을 사람에게 물려줄 생각을 하면 억울하기 짝이 없다. 뒤를 이을 그 사람이 슬기로운 사람인지, 어리석은 사람인지 누가 알겠는가? 그런데도 세상에서 내가 지혜를 다하여 애써 이루어 놓은 것을 그에게 물려주어 맡겨야 하다니, 이 수고로움도 헛되다.

세상에서 애쓴 모든 수고를 생각해 보니 내 마음은 실망뿐이다. 수고는 슬기롭고 똑똑하고 재능 있는 사람이 하는데, 그가 받아야 할 몫을 아무런 수고도 하지 않은 다른 사람이 차지하다니, 이 수고 또한 헛된 것이며, 무언가 잘못된 것이다. 사람이 세상에서 온갖 수고를 마다하지 않고 속 썩이지만, 무슨 보람이 있는가? 평생 그가 하는 일이 괴로움과 슬픔뿐이고, 밤에도 마음이 편안치 못하니 이 역시 헛된 일이다. 사람에게는 음식물을 취하고 자기가 하는 수고에서 보람을 느끼는 것, 이보다 더 좋은 것은 없다. 이 역시 하느님이 주시는 것이다.

모든 사람에게 임하는 바는 다 마찬가지다. 의로운 사람이나 악한 사람이나, 착한 사람이나 나쁜 사람이나, 깨끗한 사람이나 더러운 사람이나, 제사를 드리는 사람이나 드리지 않는 사람이나, 그들에게 임하는 일은 동일하다. 착한 사람이라고 해서 죄인과 다르지 않고, 맹세한 사람이라고 해서 맹세하는 것을 두려워하는 사람과 다르지 않다. 모든 사람에게 임하는 일이 동일하다는 것, 이것이 바로 세상에서 벌어지는 모든 잘못된 일 가운데 하나다. 더욱이 사람의 마음에는 악한 것이 충만해서 그가 살아 있는 동안은 마음에 광망(狂妄)을 품고 살다가, 결국에는 죽고 만다.

살아 있는 사람에게는 누구나 희망이 있다. 그것은 살아 있는 개가 죽은 사자보다 낫기 때문이다. 살아 있는 사람은 자신이 죽을 것을 안다. 그러나 죽은 사람은 아무것도 알지 못한다. 죽은 사람에게는 더 이상의 보상이 없으며, 기억되는 일도 오래가지 못한다. 죽은 사람들에게는 사랑도 미움도 시기심도 이미 사라져 버렸고, 그들은 세상에서 일어나는 어떤 일에도 관여할 수 없다."

그러나 다시 또 인도의 현인은 이렇게 말하고 있다.

젊고 행복한 왕자 석가모니는 병자나 쇠약한 노인이나 죽음을 목격한 일이 없었다. 그런데 어느 날, 궁성 밖으로 산책을 나갔을 때, 이가 빠지고 침을 질질 흘리는 소름 끼칠 것 같은 초라한 노인을 보았다. 지금까지 늙은이를 본 적이 없었던 왕자는 깜짝 놀라며, "저것은 도대체 어떻게 된 일이냐? 어째서 저 사람은 저렇게 가엾고,

보기 싫은 꼴을 하고 있느냐?" 하고 하인에게 물었다.

그리하여 늙음이 모든 사람에게 한 번은 반드시 오게 마련인 운명이라는 것, 젊고 행복한 왕자인 자신조차도 그것은 피할 수 없는 사실이라는 것을 알게 되었을 때 그는 마차로 산책을 더 계속할 수 없게 되었고, 이 문제를 더 깊이 고찰하기 위해 하인에게 명령하여 성으로 돌아갔다.

그 후로 그는 방에서 나오지 않고 혼자서 깊은 생각에 잠겨 있었다. 그 결과 무엇인가 위안이 되는 것을 발견했음인지, 명랑하고 행복한 모습으로 되돌아가 다시 마차를 타고 산책에 나섰다.

그런데 이번에는 눈이 잘 안 보이고, 안색이 창백한 깡마른 병자 한 사람을 만났다. 그때까지 병이라는 것을 모르고 있던 왕자는 마차를 멈추고, "저 사람은 도대체 왜 저렇게 되었느냐?"라고 물었다. 그리하여 그것이 모든 사람 몸에 찾아오는 질병이라는 것, 건강하고 행복한 왕자조차도 내일이라도 저 사람과 같은 질병에 걸리게 될는지 알 수 없다는 사실을 알게 되자, 다시 놀며 돌아다닐 기분이 사라져 하인에게 성으로 돌아가게 명령했다. 그리고 다시 마음의 평정을 찾기 시작했다.

그 결과 마침내 마음의 평정을 찾았는지 다시 마차를 타고 산책에 나섰다. 그러나 이번에도 그는 이상한 것을 보았다. 5, 6명이 무엇인가를 메고 가는 것을 보았던 것이다.

"저것은 무엇이냐?"

왕자가 물었다.

"송장이옵니다."

"송장이란 무엇이냐?"

왕자가 다시 물었다.

그리하여 그는 사람이 죽어서 송장이 된다는 말을 들었다. 왕자는 마차에서 내려 죽은 사람의 옆에 가서 가려 놓은 천을 들고 시체를 바라보았다.

"그러면, 이 사람은 이제부터 어떻게 되느냐?"

왕자는 물었다.

하인은 죽은 사람은 땅속에 묻히게 된다고 대답했다.

"왜 그렇게 하느냐?"

"이 사람은 이제는 영원토록 되살아나는 일이 없고, 그 살이 썩어 악취와 구더기가 발생할 뿐이기 때문입니다."

"그렇다면 그것은 모든 사람의 운명이냐? 내 몸에도 일어나는 것이냐? 이 몸도 역시 땅속에 묻히게 되는 것이냐? 내 몸에도 악취가 나느냐? 그리고 내 몸도 구더기의 밥이 되고 마는 것이냐?"

"네, 그러하옵니다."

"마차를 돌려라! 나는 다시는 산책을 하지 않으련다. 이제부터는 결단코 산책 같은 것은 하지 않겠다."

그 후부터 석가모니는 이 세상을 살아가는 데 마음의 평안을 찾을 수가 없었다. 그래서 그는 이 세상의 생을 최대의 악으로 단정하고, 이 세상의 생에서 스스로를 해탈시키고, 모든 사람까지도 해탈시키고자 노력을 다했다.

그리고 그는 사후에 생명이 절대로 되살아나는 일이 없도록, 즉 이 세상의 생을 근절시키도록 철저히 해탈시킬 것을 원했다. 인도의 성현은 모두 이와 같이 말했다.

다음에 인용한 것은 인간의 신령스럽고 기묘한 지혜가 삶의 의문에 대해 대답한 몇 가지 해답이다.

"육체의 생은 악이며, 또 허위이다. 따라서 이러한 육체의 생을 없애는 것은 선이다. 그러므로 우리는 이것을 희망하는 것이 마땅한 일이다."

이처럼 소크라테스는 말했다.

"인생이란 존재해서는 안 되는 것을 말한다. 즉, 인생은 악이다. 그러므로 생(生)으로부터 무(無)로의 전환이 인생의 유일한 선(善)이다."

쇼펜하우어는 말했다.

"이 세상의 모든 것—어리석음도 슬기로움도, 부유도 가난도, 기쁨도 슬픔도—이 헛되며 가치가 없다. 사람은 죽는다. 그리고 아무것도 남기지 않는다. 이 얼마나 어리석은 일이냐."

솔로몬은 말했다.

"고뇌와 노쇠와 죽음, 이것을 피하기는 어렵다는 것을 의심하면서 살아갈 수는 없다. 자기 자신을 생으로부터 그리고 생의 모든 가능성으로부터 우리는 벗어나게 하지 않으면 안 된다."

    석가모니는 말했다.

    이들 탁월한 현인들이 한 말은, 마찬가지로 수백 수천만의 사람들이 말하고 생각하고 느끼고 있다.

생명의 탐구

사람의 개인적 생존이란 끊임없이 죽음을 향하여 돌진하는 것이고, 끊임없이 멸망의 길을 더듬는 것이다.

따라서 동물적 자아 속에는 참된 인생이란 있을 수 없다. 이 명백하고도 의심할 여지없는 진리를 어떠한 이유라 하더라도 사람에게 숨길 수 없다.

사람은 태어나서 소년 시대, 노년 시대를 거쳐 죽음에 이를 때까지 개체로서의 인간의 생존이 최후에는 피할 수 없는 죽음으로 끝나 버리는, 이 동물적 자아의 끊임없는 소비와 파멸 이외의 어떤 것도 아니라는 사실을 인정하지 않을 수 없다.

따라서 자아의 확대와 불멸에 대한 소망을 포함한 개인의 생활 의식은 끊임없는 모순과 고통이 아닐 수 없으며, 또한 악이 아닐 수 없다. 그런데 인간 생활의 유일한 의미는 참된 행복에 대한 희구이다.

인간의 참된 행복이 무엇으로 이루어진다 할지라도, 동물적인 자아의 행복을 부정하는 것은 인간으로서는 불가피한 일이다.

동물적 자아의 행복을 부정하는 것은 인간 생활의 법칙이다. 만약 이 법칙을 사람이 자유로운 의사로, 이성적 의식에 동물적인 자신을 종속시키지 않는다면 이 법칙은 인간의 동물적인 육체의 사멸에 즈음하여 각자의 내부에서 강제적으로 수행될 것이다.

즉 사람이 임종의 고통을 견디지 못하여 오직 하나의 일만을 희구할 때 그렇게 된다.

"내 몸이 멸망해 간다는 견딜 수 없는 의식에서 벗어나고 싶다. 별개의 새로운 형태의 생을 얻고 싶다."

오직 하나의 일을 소원할 때 그렇게 된다.

인간으로서 생활의 첫걸음과 생애는, 마치 마구간에서 주인에게 끌려 나와 마구를 처음으로 등에 매게 된 말에게 일어나는 변화와 같다.

마구간에서 끌려 나와 바깥의 빛을 보고 자유로운 기분을 느낀 말은 이 자유에 참된 생활이 있다고 생각한다. 그러나 곧 말은 수레를 맨 채 끌려 나가야 한다.

말은 자신의 등 위에 무거운 짐을 느낀다. 만약 이 말이 자유로이 달리는 것이 자기의 참된 생활이라고 생각한다면 그 말은 발버둥을 치기도 하고, 쓰러지기도 하고, 때로는 죽어 버리게 될 것이다.

그러나 그 말이 만약에 죽지 않았다고 할지라도, 그 말로서는 나아갈 구멍은 둘밖에 없는 것이다. 그 하나는 그대로 마차를 끌고 달리는 것이다.

그대로 달려가는 동안에 짐이 그다지 무겁지 않고 또 그것을 끌고 간다는 일 자체가 고통이 아니라 기쁨이라는 사실을 깨닫는 것이다.

다른 하나는 마차를 끌라는 주인의 명령에 끝내 항거하는 것이다. 주인은 말을 방앗간으로 끌고 가서 밧줄로 턱목에 묶고 빙글빙글 방아를 돌리게 한다. 그러면 말은 캄캄한 곳에서 고통을 느끼면서 계속 걷지 않으면 안 된다.

그러나 말이 헛된 일을 한다는 것은 아니다. 말은 마지못해 강제로 자기 일을 수행하지만 법칙은 확실하게 적용되는 것이다.

서로 다른 점은 다만 앞의 경우에는 말이 기쁘게 일하는 데 반하여 뒤의 경우에는 말이 강제적으로 고통을 느끼면서 한다는 점에 불과하다.

자기의 동물적인 존재를 인생이라고 인정하는 사람들은 말한다.

"인간이 인간으로서의 참된 생명을 얻기 위해서 자아의 행복을 부정해야 한다면, 자아란 도대체 무엇 때문에 존재하는 것인가?"

자기의 동물적 생존을 삶이라고 믿는 사람들은 이렇게 말한다.

"실제로 무엇 때문에 참된 인생이 나타나는 것을 방해하는 '동물적인 자아'라는 이 의식이 사람에게 부여되는 것일까?"

이 질문에 대해서는 자기의 생명과 종족의 보존이라는 목적을 향하여 정진하는 동물이 생각하는 그러한 질문에 불과하다.

그 동물은 질문할 것이다.

"내가 자신의 목적을 달성하기 위해서 싸워 나가지 않으면 안 될 기계적이라든가, 물리적이라든가, 화학적이라든가 하는 그러한 법칙은 무엇 때문에 있는 것일까?"

그 동물은 또 말할 것이다.

"만약에 나의 사명이 동물 생활을 살아가는 데 있는 것이라면, 내가 극복하지 않으면 안 될, 이러한 갖가지 장애물은 도대체 무엇 때문에 있는 것일까?"

우리로서는 확실히 알 수 있는 일이지만 동물이 개체의 생존을 위해서 동물로서 싸워 가면서 자신에게 종속시키는 일체의 물질과 그 법칙은 실제에 있어서는 장애물이 아니고, 동물이 자신의 목적을 달성하기 위한 수단이다. 다만 물질의 개조와 그 법칙의 중개에 의해서만 동물은 살고 있는 것이다.

인간 생활에 있어서도 이와 같다고 할 수 있다. 인간이 그 속에서 자기를 발견하고 확인하는 동물적 자아―인간이 이성적 의식에 종속시키는 것이 마땅하다는 사명을 띠는 동물적 자아—는 장애물이 아니라 그것에 의해 인간이 참된 행복이라고 하는 목적을 달성하기 위한 수단이다.

즉 인간에게 있어서 동물적 자아는 일하는 데 필요한 도구이다.

인간에게 있어서 동물적 자아는 이를테면 땅을 파기 위하여 이성적 존재에게 주어진 가래이다. 즉 땅을 일구는 동안에 끝이 뭉툭해지면 다시 갈고, 그렇게 마음껏 이용해야 할 성질의 것이지 빛나게 갈아서 외진 곳에 간직해 두기 위한 것은 아니다. 이것은 성장을 위해 그에게 부여된 재능이지, 헛되이 보존을 위해 주어진 것은 아니다.

"정녕 자기 목숨을 구하려는 사람은 목숨을 잃을 것이고, 나 때문에 자기 목숨을 잃는 사람은 목숨을 얻을 것이다."(마태 복음서 16장 25절)

복음서의 이 말 속에는 멸망하지 않으면 안 되는 것, 또 끊임없이 멸망되어 가는 것을 보존한다는 것은 불가능하다는 것, 멸망되어 가는 것, 멸망해야만 하는 것, 다시 말하면 우리의 동물적 자아를 부정해야만 비로소 우리는 멸망하지 않고, 또 멸망할 수 없는 우리들의 참된 생명을 얻을 수 있다는 것을 말한다.

또 거기에는 우리들의 참된 생활은 오직 우리들에게 있어서 삶이 아니고, 삶일 수 없었던 것, 즉 우리들의 동물적 생존을 우리가 삶이라고 생각하는 일을 멈추었을 때에 비로소 시작되는 것이라는 말도

하는 것이다.

그리고 또 생명을 지탱시켜 주는 양식을 얻기 위해 주어진 가래를 아끼고 간직해 두는 자는 가래를 아꼈기 때문에 양식이나 생명 두 가지 모두 잃게 된다는 말도 하는 것이다.

"'너희는 위로부터 태어나야 한다'고 내가 말했다고 놀라지 마라."

그리스도는 말했다.

이것은 어느 누가 사람으로 태어날 것을 명령했다는 뜻이 아니라, 사람은 필연적으로 그렇게 되어야 한다는 것이다.

참생명을 갖기 위해서는 이성적 의식으로 살아 있는 가운데 새로이 태어나지 않으면 안 되는 것이다. 이성적 의식은 이 의식으로 계시되는 참된 행복 속에서 자신의 참된 삶을 발견하기 위해 인간에게 주어진 것이다.

참된 행복 속에서 삶을 발견하는 자는 참된 삶을 가지게 된다. 그러나 이 가운데에서 삶을 발견하지 못하고, 그것을 동물적인 자아의 행복 속에서 발견하는 자는 그 사실만으로 생명을 잃는 것이다. 그리스도에 의해 부여된 인생의 정의는 이 한 가지로 이루어진다.

개인적 행복을 구하는 것을 인생이라고 보는 사람들은 이러한 말을 들을 경우 그것을 인정하지 않는 것은 아니나 이해하려 하지 않는다. 아니 이해할 수가 없는 것이다. 그들에게 이런 말들은 전연 의미가 없거나 의미가 있다 하더라도 매우 적고, 그들이 즐겨 쓰는 표현에 따른다면 어떤 감상적이고 신비적인 기분을 나타내는 것에 불과하다고 생각한다.

그들로서는 자신들이 이해하기 어려운 상태를 설명하는 이러한 말들의 진의를 이해하지 못한다. 그것은 마치 메말라서 이미 싹을 틔울 수 없는 씨앗이 습기를 머금고 벌써 싹이 돋아나올 것 같은 씨앗의 상태를 이해하지 못하는 것과 같다.

메마른 씨앗으로서는 이제부터 싹이 돋아나려고 하는 씨앗에게 빛을 비추는 태양도 단순히 무의미한 우연에 지나지 않고, 약간의 열과 빛을 가하는 물체에 불과하지만, 싹을 틔우려고 하는 씨앗으로서는 태양은 생명 탄생의 원인인 것이다.

이것은 마치 동물적 자아와 이성적 의식 사이의 내적 모순과 합리적 의의에 도달하지 않은 사람들에게도 마찬가지여서, 이성이라고 하는 태양의 빛도 그들에게 있어서는 단순히 무의미한 우연이라든가, 감상적이고 신비적인 말에 불과하다.

태양은 이미 생명이 움트기 시작하는 것만을 생(生)으로 인도하는 것이다.

유독 인간에게 한정된 문제가 아니라 동물이나 식물에 있어서도 생명이 어떻게 하여 왜, 언제, 어디에서 태어났는가에 관해서 알고 있는 사람은 오늘날까지 누구 한 사람도 없었다. 생명의 발생에 관하여 그리스도는, 이 사실은 어떠한 사람도 알지 못하고, 또 알 수도 없다고 말했다.

그리고 실제로 우리가 어떻게 인간 내부에 생명이 발생했는가라는 사실을 알 수 있겠는가?

생명은 사람의 빛이다. 생명은 곧 생명이다. 모든 것의 원천이다. 그런데 어떻게 사람이 그 태어남을 알 수 있겠는가? 사람에게 발생하기도 하고 멸하기도 하는 것은 살아 있지 않는 것, 공간과 시간 속에 나타나는 것뿐이다. 생명은 참된 존재이다. 따라서 인간에 관한 한 참생명은 발생할 수도 멸망할 수도 없는 것이다.

'인생이란 개인의 행복 추구에 불과하다.'라는 인생관을 가지고 세계를 바라보는 경우, 사람은 거기서 오직 서로가 상대를 멸망시키려고 하는 불합리한 생존 경쟁만을 볼 것이다.

그러나 이 세계에서 그것과는 전혀 다른 것을 보고자 한다면, 즉 생존 경쟁의 우발적 현상과 함께 이들 존재의 끊임없는 상호 부조, 다시 말해 그것이 없으면 세계의 존재가 무의미하게 되는 서로 돕는 일을 보고자 한다면, 자신의 생활을 타인의 행복을 바라는 것으로 인식하지 않으면 안 된다.

이것만 인정할 수 있다면 지금까지 도달할 가능성이 없던 개인적 행복으로 기울어지던 일체의 무의미한 활동을 이 세계의 법칙과 일치시키고 자기 자신과 온 세계에 도달할 수 있는 가장 위대한 행복을 얻기 위한 또 다른 활동으로 전환할 수 있다.

개인적인 생활을 비참하게 하고 그 행복을 불가능하게 하는 두 번째 원인은 생명을 낭비하고 욕심과 고통으로 인도하는 개인적 향락의 속임수이다.

사람은 자신의 생활을 오직 타인의 행복을 바라는 것으로 인정하기만 하면 된다. 그렇게 할 때 향락에 대한 환상과 같은 갈망도 사라지고, 동물적 자아의 한없는 욕망을 충족시키기 위해 행해졌던 무익하고 고통스러운 활동도 이성의 법칙과 일치하는 활동으로, 즉 다른 존재의 행복을 유지하고 자신의 행복에도 필요한 활동으로 바뀌게 될 것이다.

생명의 활동을 소모시키는 개인적 고통의 괴로움은 틀림없이 유익하고 가장 기쁜 활동, 바로 타인의 행복을 자신의 행복으로 느끼는 감정으로 변할 것이다.

개인적 생활을 비참하게 하는 세 번째 원인은 죽음에 대한 공포이다. 사람은 오직 자신의 생활의 참뜻을 그 동물적 자아의 행복에서가 아니라, 다른 존재의 행복에 있는 것이라고 인정만 한다면 죽음이라는 괴물은 그의 눈에서 영원히 사라져 버릴 것이다.

대체로 죽음에 대한 공포는 그 육체의 죽음과 더불어 인생의 행복도 상실되고 만다는 불안과 공포에서 생기는 것이다.

그러므로 자신의 행복을 다른 존재의 행복 속에서 상정하는 것이 가능하다면, 즉 다른 존재를 자신보다 더 많이 사랑할 수 있다면 죽음에 대한 의미를 자기 개인을 위해서만 생활하는 사람으로서 생각할 수 있는, '행복과 생명의 정지'라고는 생각하지 않게 될 것이다.

왜냐하면 다른 존재의 행복과 생명은 단순히 그들에게 봉사하는 사랑의 생명이 없어진다고 해서 사라지지 않을 뿐만 아니라, 오히려 때로는 그 생명의 희생으로서 더 높여지기도 하고, 강화되기도 하기 때문이다.

《인생론》

1. 빛과 그림자

엄밀하게 말하면 삶에 관해 존재하는 논리적인 인생관은 다만 두 가지가 있을 뿐이다.

하나는 잘못된 견해로, 출생에서 죽음에 이르기까지 우리의 육체에 일어나는, 눈에 보이는 현상을 인생이라고 보는 것이다.

또 다른 하나는 올바른 견해로 우리가 내부에 간직하는, 보이지 않는 삶의 의식을 인생으로 보는 것이다. 전자는 그릇된 인생관이며, 후자는 참된 인생관이다.

그러나 양쪽 모두 논리적이기에 사람들이 그 중의 어느 것을 택하느냐 하는 것은 자유이지만 어느 쪽의 인생관에 있어서도 죽음의 공포는 있을 수 없다.

태어나서 죽을 때까지의 육체 속에서 일어나는 눈에 보이는 현상으로 파악하는 그릇된 인생관은 이 세계와 마찬가지로 아주 오래전부터 있었다. 이것은 많은 사람들이 생각하는 것처럼 현대의 과학이나 철학에 의해서 만들어진 인생관은 아니다.

현대의 과학과 철학은 다만 이 견해를 극한 상태로까지 밀고 나갔을 뿐이고, 그 결과 이 견해가 인간의 기본적인 요구에 적합하지 않게 되었다는 사실이 이전보다 명료하게 되었을 뿐이다.

그러나 이것은 가장 낮은 발달 단계에 있던 인간의 매우 낡은 원시적인 견해이다. 그것은 중국인들이나 불교도, 혹은 유대인들 속에, 그리고 '사람은 원래가 흙에서 온 것인즉 흙으로 돌아가는 것이 마땅하니라.'고 하는 잠언 속에도 나타나 있다.

이 견해를 오늘날의 말로 표현한다면 다음과 같다.

"인생이란 공간과 시간의 테두리 속에 나타난 물질적인 힘의 우발적인 집합이다. 우리가 의식이라고 부르는 것은 생명이 아니고 단순한 감각의 환상에 지나지 않으며, 그 감각의 환상 때문에 생명이 그 의식 속에 있는 것처럼 생각한다. 의식이란 물질의 특정한 상태 속에서 번쩍이고 일어나는 불꽃이다. 이 불꽃은 불이 붙고, 타올랐다가 다시 어두워지고, 마침내는 완전히 꺼지고 만다. 이 불꽃, 즉 두 개의 시간적 무한 사이에서 일정한 시간 동안만 물질이 경험하는 이 의식은 원래가 무이다. 그리고 의식은 자기 자신과 무한의 세계를 알고, 이 세계의 모든 우발적인 사건의 움직임을 보고 이 움직임을 무엇인가 우연하지 않은 것과 대비하여 우발적이라 부르고 있다. 그럼에도 불구하고 이 의식 자체는 본질적으로 아무런 흔적이나 의식을 남기지 않고 나타나거나 사라져 버리는 생명 없는 물질의 소산, 다시 말해 그저 하나의 환영에 불과하다. 그것들은 한없이 변화하는 물질의 소산이고, 생명이라고 불리는 것도 다만 물질의 특정한 상태에 불과한 것이다."

이것이 인생에 대한 하나의 견해, 즉 인생관이다.

이 견해는 참으로 논리적이다. 이 견해에 따른다면 사람의 이성적 의식은 물질의 특정한 상태에 수반되는 우발적인 것에 불과한 것이다. 그러므로 우리가 의식 속에서 생명이라고 부르는 것도 실은 하나의 환영이다. 존재하는 것은 다만 죽은 것뿐이다. 우리가 생명이라고 부르는 것도 실은 죽음의 장난이다.

생명에 관한 이 같은 견해에서 죽음은 두렵지 않을 뿐만 아니라 오히려 생명이야말로 부자연스럽고 불합리한 것으로서 두려워해야만 하는 것이다. 마치 불교도나 염세주의자 예를 들면 쇼펜하우어나 하르트만 등에서 볼 수 있는 견해이다.

인생에 대한 또 하나의 견해는 다음과 같은 것이다.

'인생이란 내가 내 자신 속에 의식하는 것에 불과하다. 그러나 나는 항상 자신의 생명을 내가 과거에 있었다든가, 혹은 장래에 있을 것이다라는 식이 아니라(나는 생명을 이렇게 생각하고 있다), 현재의 나, 시작도 없고 끝도 없는 나로서 의식하고 있다. 나의 생명의 의식에는 시간 및 공간의 개념은 포함되지 않았다. 나의 생명은 시간과 공간 속에 나타나 있기는 하지만, 그것은 다만 그 나타

남에 불과하며 내가 의식하고 있는 생명 그 자체는 시간과 공간 밖에 있다.'

이러한 견해에 따른다면 앞의 견해와 정반대로 생명의 의식이 환영이 아니라 오히려 시간과 공간에 제약된 것만이 모두 환영인 것이다. 그러므로 육체적인 생존이 시간과 공간 속에서 중단된다는 것은 아무런 진실성을 갖지 않으며, 나의 참된 생명을 중단할 수 없을 뿐 아니라 파괴할 수도 없다. 이 견해에 따른다면, 죽음이란 것은 존재하지 않는다.

어쨌든 이상의 두 가지 인생관 중 어느 것을 취한다 하더라도, 그것을 엄격하게 자신의 것으로써 견지해 나간다면 죽음의 공포는 일어나지 않을 것이다.

인간은 동물적인 존재로서도, 또 이성적인 존재로서도 죽음을 두려워한다는 것은 있을 수 없다.

동물은 생명의 의식을 갖고 있지 않는 까닭에 죽음을 알지 못하고, 이성적 존재는 생명의 의식을 가지고 있기 때문에 동물적인 육체의 사멸(죽음)을 물질의 자연스럽고 어쩔 수 없는 운동의 일부로 여긴다. 만약 인간이 두려워한다면 그것은 죽음이 아니다.

원래 그는 죽음을 알지 못하며, 그가 두려워하는 것은 동물적 및 이성적 존재만이 알고 있는 생명이다. 죽음의 공포로써 인간에게 나타나는 감정은 다만 생명의 내적 모순에 대한 의식에 불과하다. 그것은 마치 유령에 대한 공포가 병적인 정신 상태의 의식에 불과한 것과 같다.

"나는 존재하지 않게 될 것이다. 죽을 것이다. 내 생명을 이루는 모든 것은 죽을 것이다."

한 사람이 이렇게 말한다. 그러면 다른 사람이 또 말한다.

"나는 존재한다. 나는 죽을 수도 없으며, 죽어서도 안 되는 것이다. 그런데도 나는 죽어가고 있다."

육체의 죽음에 관해 생각할 때 인간이 공포에 사로잡히게 되는 것은, 그 원인이 죽음 자체에 있는 것이 아니라 이 모순에 있는 것이다.

즉, 죽음의 공포는 인간이 자신의 동물적 생존의 중단을 두려워하는 데서 일어나는 것이 아니라 죽을 수 없고, 또 죽어서는 안 되는 것이 죽어가는 것처럼 그가 생각하는 것에서 일어난다.

장래의 죽음에 대해 생각하는 것은 다만 현재 진행되는 죽음을 미래로 옮긴 것에 불과하다. 장래에 육체가 죽을 것에 대한 환영은 죽음을 깨달은 것이 아니라, 오히려 반대로 인간이 가져야 하지만 가지고 있지 않은 생명에 대해 깨달은 것이다.

이것은 지하의 무덤 속에서 생명을 자각한 사람이 경험하지 않으면 안 될 감정과 비슷한 감정이다. '생명은 있다. 그러나 나는 죽음 속에 있다. 여기에 있는 것이 곧 죽음이다.' 하는 생각에서 비롯된다. 그에게는 존재하는 것과 본래 존재하지 않으면 안 되는 것이 파괴되고 있는 듯이 보인다. 그리하여 인간의 두뇌는 혼란스러워지고 공포에 떨게 된다.

　죽음의 공포는 사실 죽음에 대한 공포가 아니고 허위의 죽음에 대한 공포라고 하는 가장 좋은 증거는 사람이 간혹 죽음의 공포 때문에 자살한다는 사실이다.

　사람들이 육체의 죽음이라는 관념을 두려워하는 것은 그들의 생명이 그것과 더불어 끝나는 것을 두려워하는 것이 아니라, 육체의 죽음이 그들이 갖고 있지 않은 참된 생명의 필요성을 가르치기 때문이다.

　그러한 까닭에 인생을 이해하지 못한 사람들은 죽음에 관해 상기한다는 것을 그렇게도 싫어하는 것이다. 죽음에 관해서 상기한다는 것은 그들에게 있어서는 그들이 자신의 이성적 의식의 요구에 따른 생활을 하고 있지 않다는 것을 고백하는 것과 다를 바가 없기 때문이다.

　죽음을 두려워하는 사람들은 죽음이 그들에게 공허와 암흑으로 생각되기 때문에 두려워하는 것이다. 그러나 그들이 죽음을 공허와 암흑으로 보는 것은 그들이 생명을 보지 못하기 때문이다.

　우리는 인생을 세계에 대한 일정한 관계 이외의 것으로 이해할 수는 없다. 우리는 자신의 내부에 있는 생명을 그러한 것으로 이해하고 다른 존재의 생명에 대해서도 마찬가지이다.

　그러나 우리가 우리 내부에 있는 생명을 외부 세계에 대해 현재 존재하는 관계로만 이해하는 것은 아니다. 동물적 자아가 더욱더 강렬하게 이성에 따르게 함으로써 새로운 관계를 수립하는 일, 사랑의 표현을 더 크게 하는 작용으로 이해한다.

마침내 우리가 자기의 몸에서 보게 되는 육체적 존재의 필연적인 소멸은 세계에 대해 우리가 현재 가지고 있는 관계가 영원한 것은 아니라는 사실, 우리는 아무래도 별개의 새로운 관계를 수립하지 않으면 안 된다는 사실을 우리에게 보여 준다.

이 새로운 관계의 수립, 즉 새로운 생명 운동이야말로 죽음이라는 관념을 깨트리는 것이다.

세계에 대한 이성적인 관계를 확립하고, 더욱더 커다란 사랑을 표현하는 일에 인생의 의의를 발견하지 않고, 태어났을 그 당시 세계에 대해 자신이 가지고 있던 관계에 그대로 머무르고 있던 사람. 즉 어떤 것은 사랑하고, 어떤 것은 사랑하지 않는다고 하는 가장 작은 사랑에 그대로 머무르고 있는 사람, 이와 같은 사람에게만 죽음의 관념은 붙어 다니는 것이다.

인생은 끊임없는 활동이다. 그러므로 사람이 태어났을 때 세계에 대해 가지고 있던 관계에 그대로 머물고, 가장 작은 사랑에 그대로 머물러 있다고 한다면 그는 생명의 정지를 느끼게 되고, 거기서 죽음이라는 관념에 빠지게 된다.

죽음은 그런 사람에게만 보이고 또 두렵게 하는 것이다. 이러한 사람의 생존은 끊임없는 죽음에 불과하다. 그런 사람에게는 죽음은 미래뿐만 아니라 현재도 느껴지기 때문에 두려운 것이다.

유년 시절부터 노년에 이르기까지, 동물적 생명은 끊임없이 계속 쇠퇴한다. 왜냐하면 유년에서 성년에 이르기까지 생존의 활동은 일시적인 체력의 증대처럼 보이지만, 본질적으로는 출생에서 죽음에 이르기까지 끊임없이 계속되는 '신체 각 기관의 경화, 유연성과 활력의 감퇴'에 지나지 않기 때문이다.

이러한 사람들은 자기 눈앞에서 끊임없이 죽음을 보게 될 뿐, 그 무엇도 그를 죽음으로부터 구출할 수는 없다. 이러한 사람의 생애는 날마다 시시각각으로 더욱 악화될 뿐이고 그 무엇도 그의 생애를 개선시킬 수는 없다.

이러한 사람에게는 외부 세계에 대해 자신이 가지고 있는 특수한 관계―어떤 것은 사랑하고, 어떤 것은 사랑하지 않는다고 하는 인간의 특성―가 자신의 생존 조건의 하나에 불과한 것처럼 생각되는 것이다.

그에게는 외부 세계에 대해 새로운 관계를 확립하는 일, 즉 작은 사랑을 더욱더 커다란 사랑으로 바꾸어 가는 일 등을 무용한 것으로 생각하게 되는 것이다. 그런 사람들은 신체 각 기관의 경화·쇠약으로 나타나는 생명력의 감퇴·노쇠·죽음, 그러한 필연적인 현상에서 어떻게 해서라도 피하려고 하는 일―원래가 불가능한 일―에 헛된 노력을 하며 생애를 보낸다.

그러나 인생의 참된 의의를 이해하는 사람인 경우에는 다르다.

이러한 사람들은 외부 세계에 대한 자기의 특수한 관계, 즉 어떤 것은 사랑하고 어떤 것은 사랑하지 않는다고 하는 인간의 특성이 자신이 알지 못하는 먼 과거로부터 현재 자신의 삶 속으로 온 것을 알고 있다.

또 그는 어떤 것은 사랑하고, 어떤 것은 사랑하지 않는다고 하는, 그가 이 세계에 태어날 때 몸에 지니고 있었던 특성이야말로 그의 삶의 핵심이며 그것은 결코 단순한 우연적인 특징이 아니라는 사실, 그리고 그것만이 생명 활동을 가지고 있다는 사실을 알고 있다. 그리고 그는 오직 이 생명 활동에서만, 즉 작은 사랑을 더욱 더 커다란 사랑으로 바꾸어 가는 일에서 자신의 인생을 발견하는 것이다.

이러한 사람은 현재의 생활 속에서 자신의 과거를 생각하고, 또 자신의 기억에 있는 일련의 의식을 더듬어 가면서 세계에 대해 자기가 가지는 관계가 변했다는 것, 이성의 법칙에 대한 종속의 정도가 증대되었다는 것, 그리고 자기 사랑의 강도와 넓이가 자신의 개인적 생존의 쇠약에도 불구하고, 때로는 그것에 반비례하여 더욱더 커다란 행복이 자기에게 주어지고 있다는 사실을 확인한다.

이러한 사람은 눈에 보이지 않는 아득한 과거로부터 생명을 받고, 그 생명의 끊임없는 증대를 의식하면서 눈에 보이지 않는 미래의 세계를 향해 편안한 마음으로 기뻐하면서 간다.

"질병·노령·쇠약·어린이로 되돌아가는 것은 인간의 의식과 생명의 쇠멸(衰滅)이다."

사람들은 말한다. 그러면 그것은 누구에게나 그렇다는 것일까?

나는 노령에서 다시 아이의 세계로 되돌아왔다고 전하는 사도 요한의 일을 상상한다. 전하는 바에 의하면 그는 '형제들이여, 서로 사랑하라!'는 말만을 되풀이했다고 한다. 겨우 몸을 움직일 수 있는 백 세의 노인이 눈에 눈물을 가득히 담고, 오로지 '서로 사랑하라!'는 말만을 되풀이한 것이다.

이러한 사람에게는 동물적 생존은 희미하게 되고, 세계에 대한 새로운 관계로 인해 인간의 육체적 생존 속으로 더 이상 들어갈 장소를 발견할 수 없어 새롭게 살아 있는 존재에 의해 완전히 흡수된다.

인생을 참된 모습으로 이해하는 사람들에게 있어서 자신의 생명이 병에 걸린다든지 늙었다고 해서 수명이 얼마 남지 않았다고 하며 슬퍼하는 것은, 마치 빛을 향하여 걷고 있는 사람이 빛이 가까워짐에 따라 자기의 그림자가 작아지는 것을 탄식하는 것과 같다.

또, 육체가 죽었다고 자기의 생명이 사라진다고 믿는 것은 빛이 가득 비추는 속으로 물체가 들어감에 따라 물체의 그림자가 소멸되는 것을 보고 물체 그 자체가 소멸된 확실한 증거라고 믿는 것과 같다.

이와 같은 결론을 내릴 수 있는 것은 너무나 오랫동안 그림자만

보았기 때문에 결국은 그 그림자를 물체 자체라고 생각하기에 이른 사람들뿐이다.

2. 죽음을 초월하는 것

　인생의 의미를 이해하지 못한 사람들은 이렇게 말한다.
　"그와 우리 사이의 연결은 일체 단절되었다. 우리에게 있어서 그는 존재하지 않는다. 우리도 또 마찬가지로, 뒤에 남는 사람들에게는 존재하지 않게 될 것이다. 이것이 죽음이 아니고 무엇이겠는가?"
　이 사람들은 외면적인 교감이 단절된 사실을 죽음의 실재성이 지극히 명확하게 나타난 증거로 보는 것이다.
　그런데 근친자의 육체적 생존의 단절만큼 죽음에 관한 관념의 비현실성을 분명히 확고하게 가르쳐 주는 것은 없다.
　나의 형제는 죽었다. 그래서 무엇이 일어났는가? 내가 시간적·공간적 조건하에서 볼 수 있었던 세계에 대해 그가 가지고 있는 관계의 표현이 나의 눈앞에서 사라지고 그 뒤에는 아무것도 남아 있지 않은 그러한 일이 일어났음에 불과하다.
　아직 나방이 되지 못하고, 고치 속에 들어 있는 번데기가 이웃 고치가 비어 있는 것을 본다면 이렇게 말할 것이다.

2장 고뇌와 고독 • 127

"뒤에는 아무것도 남지 않는다."

번데기가 생각하는 것이 가능하고 말을 할 수 있다면, 아마 번데기는 그렇게 말할 것이다. 왜냐하면 이웃 번데기의 모습이 사라져 버린다면 그 번데기는 실제로 이웃 번데기의 존재를 느낄 도리가 없기 때문이다.

그러나 사람의 경우는 다르다. 나의 형제는 죽었다. 그의 고치는 정말로 텅 비고 말았다. 나는 이제는 지금까지 익히 보아온 그의 모습을 볼 수 없다. 그러나 그가 나의 눈앞에서 사라졌다는 것은 그에 대해 내가 가지고 있는 관계가 소멸되었다는 것은 아니다. 나에게는 그에 관한 추억이 남아 있다.

추억이 남아 있다는 것은 그의 얼굴, 손, 눈에 관한 추억이 아니고 그의 정신적 형상의 추억이 있다는 것이다.

추억이란 도대체 무엇일까? 지극히 간단하고도 의미가 분명한 것으로 생각되는 이 말은?

결정체와 동물의 형태가 사라지면 이 결정체와 동물들 사이에 추억은 남지 않는다. 그러나 나에게는 나의 그리운 형제에 대한 추억이 있다.

나의 형제의 생활이 이성의 법칙에 적합한 것이었다면 그만큼, 그 생활이 사랑으로 충만된 것이었다면 그만큼 더 추억은 한결 생생하게 떠오르는 것이다.

추억이란 관념에 불과한 것은 아니다. 추억이란 나의 형제의 생명이 이 세상에서 생존하고 있을 때 나에게 작용하고 있었던 것과 똑같이 지금도 작용해 오는 그러한 어떤 것이다.

추억이란 그가 육체적인 생존을 유지하고 있을 때 그를 에워싸고 있었던, 그리고 또 나와 다른 사람에게 작용했던, 또 그의 사후인 지금도 마찬가지로 나에게 작용해 오는, 눈에 보이지 않는 비물질적인 그에 대한 분위기이다.

추억은 그의 사후인 지금에도 그가 생존 중에 내게 요구했던 것과 같은 것을 나에게 요구하는 것이다.

그뿐 아니라 이 추억은 그의 사후에 있어서도 그의 생존 시에 그러했던 것 이상으로 나에게는 구속력을 갖는다.

나의 형제 속에 있었던 저 생명의 힘은 사라지지도 않고 줄지도 않았다. 그뿐 아니라 오히려 증대하여 이전보다도 훨씬 강하게 작용해 온다.

그의 생명의 힘은 그의 육체가 사멸된 후에도 그의 생존 시와 마찬가지로, 아니 그 이상으로 강하게 작용해 온다. 현실적으로 살아 있는 것처럼 작용해 온다.

나는 나의 형제의 생명의 힘을 그가 육체적으로 생존해 있었을 때와 똑같이 나의 몸에서 느낀다.

즉, 나는 '세계에 대해서 그가 가지고 있는 관계'로서의 그의 생명의 힘을 지금도 내 몸에 느끼고 있다. 그의 생명의 힘은 세계에 대해 내가 어떠한 관계를 갖고 있는가를 나에게 가르쳐 주었다.

그런데도 나는 어떠한 이유로, 나의 죽은 형제는 이미 생명을 갖지 않는다고 단언할 수 있단 말인가?

나는 말할 수 있다. 그는 세계에 대해 그가 동물로서 갖고 있었던 저 낮은 관계—세계에 대해 현실적으로 지금 내가 갖고 있는 낮은 관계—에서 빠져나간 것이다. 다만 그것뿐이다. 왜냐하면 그의 생명의 힘을 내 몸에서 느끼기 때문이다.

예를 들면, 사람에게 잡혀 있는 자기 모습을 거울을 통해 본다고 하자. 그러자 갑자기 그 거울이 흐려진다. 나는 이제 사람에게 잡혀 있는 자신의 모습을 거울 속에서 볼 수 없다. 그러나 나는 역시 똑같이 나를 잡고 있는 인물이 거기에 그대로 있다는 사실을 정신으로 느낀다.

그러나 그뿐만이 아니다. 나의 죽은 형제의, 내 눈에 보이지 않는 그 생명은 나에게 작용할 뿐만 아니라 내 속으로 들어오는 것이다.

생명을 가진 그의 자아, 즉 세계에 대해 그가 가지는 관계가 세계에 대해 내가 갖는 관계로 되는 것이다. 마치 그는 세계에 대한 새로운 관계를 확립함으로써 그가 오른 그 단계까지 나를 끌어올리려는 것과 같다.

나—살아 있는 나의 자아—에게는 그가 아마 발을 들여 놓고 있는 다음의 단계가 한결 분명해지는 것이다.

그는 내 눈앞에서 사라졌으면서도 뒤를 따라오라고 나를 부르는 것이다.

이와 같이 나는 육체적으로는 죽어 버린 형제의 생명을 자신 속에 의식하는 것이며, 따라서 그의 생명이 현재도 아직 존속된다는 사실을 의심할 수는 없다.

그뿐만 아니라 내 눈앞에서 사라져 버린 이 생명의 세계에 대한 작용을 관찰할 때, 나는 내 눈앞에서 사라져 버린 이 생명의 실재성을 명확하게 확인하는 것이다.

사람은 죽는다. 그러나 세계에 대해 그가 가지는 관계는 그의 생존 시에 있어서와 같은 정도가 아니라, 몇 배나 강하게 사람들 속에서 계속 작용하는 것이다.

모든 생명은 결코 정지하는 일 없이, 또 중단되는 일도 없이 증대해 간다.

그리스도는 먼 옛날에 죽었다. 그의 육체적인 생존은 짧았다. 우리는 육체적 존재로서의 그리스도에 대해서는 명확한 지식을 가지고 있지 않다.

그러나 이성과 사랑으로 충만된 그의 생명의 힘, 즉 세계에 대해 그리스도 자신이 가지고 있는 관계는 오늘날에 이르기까지 무수한 사람들에게—세계에 대해 그리스도가 가지고 있는 이 관계를 자기 속에 받아들여 그것을 토대로 하여 살고 있는 무수한 사람들에게—작용을 계속하고 있는 것이다.

이 작용을 계속하고 있는 것이란 무엇인가? 지난날에는 그리스도의 육체적 생존과 결부되어 있었던 것, 그리고 지금도 그리스도의 생명을 존속하게 하고, 확대를 계속하고 있는 것, 그것은 도대체 무엇인가?

"그것은 그리스도의 생명 그 자체가 아니라 그리스도의 생명의 결과이다."

라고 사람들은 말한다. 이러한 아무런 의미도 없는 말을 하면서 사람들은,

"이 힘이란 살아 있는 그리스도 그 자체이다."

라고 말하는 이상으로 명백하고 명확한 말을 하는 것처럼 생각한다.

이러한 말은 도토리 옆에 집을 지은 개미들이나 할 수 있는 말이다. 그 도토리는 싹이 트고 마침내는 떡갈나무로 성장한다. 뿌리를 땅속에 뻗고, 가지가 무성하여 잎과 새로운 도토리를 땅에 떨어뜨린다. 빛과 비를 가로막고, 주위에서 생활하던 것을 완전히 변하게 한다.

그러면 개미들은 말할 것이다.

"이것은 도토리의 생명 그 자체는 아니다. 도토리의 생명의 결과이다. 도토리의 생명은 우리가 집에 던져 넣었을 때 이미 끝난 것이다."

나의 형제가 어제 죽었거나, 또는 천 년 전에 죽었거나, 그의 육체

적 생존 시에 작용하던 생명의 힘 그 자체는 내 속에서 몇 백 명, 몇 천 명, 몇 백만 명이라는 사람들 속에서 한결 강하게 계속 작용하는 것이다.

지난날 내 눈으로 볼 수 있었던 그의 일시적인 육체적 생존을 위한 힘의 핵심은, 지금은 내 눈앞에서 완전히 사라져 버렸는데도 불구하고…….

이것을 비유해서 말한다면 어떠한 것일까?

그것은 내 앞에서 풀이 불타고, 그것이 원인으로 된 빛을 내가 보는 것과 같은 그러한 것이리라.

즉 풀은 이미 불타 버리고 재만 남아 있다. 그러나 빛은 더욱 강해질 뿐이다.

나는 이 빛의 원인이 된 풀을 이제는 볼 수 없다. 무엇이 불타고 있는지도 모른다. 그러나 이 풀을 불타게 한, 그 동일한 불이 지금 멀리 있는 숲을, 혹은 내가 볼 수 없는 무엇인가를 불태우고 있다고 추리할 수는 있다.

그리고 지금 눈앞에 보고 있는 이 빛이야말로, 나를 인도하고 나에게 생명을 주는 것이다.

나는 이 빛으로 말미암아 살고 있다. 어찌 내가 이 빛의 존재를 부정할 수 있겠는가?

나는 생각할 수 있다. 이 생명의 힘은 지금은 내 눈에는 보이지 않는 별개의 핵심을 가지고 있다고.

그러나 나는 그 존재를 부정할 수는 없다. 왜냐하면 나는 이 생명의 힘을 느끼고 있으며, 이 생명의 힘으로써 움직이고, 살고 있기 때문이다.

이 핵심은 어떠한 것인가?

이 생명 자체는 어떠한 것인가?

나는 알 수 없다. 그러나 추측할 수는 있다. 물론 내가 추측하기를 좋아하고, 문제가 얽혀 버림을 두려워하지 않는다는 것을 전제로 한 이야기지만.

그러나 나는 생명에 대해 합리적인 해석을 내리려고 노력하는 만큼 명백하고 명확한 일만을 문제 삼는 데에 그치고, 그것으로 만족하기로 하자.

명백하고 명확한 일에 애매하고 방자한 추측을 결부시켜 일부러 그 명백함과 명확함을 손상하게 하는 그러한 일을 하고 싶지 않다.

내가 사는 데 있어서 의지하는 모든 것은 나보다 이전에 살고 있었던 사람들의―훨씬 이전에 죽은 사람들의―생명으로 형성되어 있다는 것이다. 따라서 생명의 법칙에 입각하여 동물적인 자신을 이성에 종속시켜 사랑의 힘을 나타낸 모든 사람은 그 육체적 생존이 단절된 뒤에도 다른 사람들 속에서 살아 왔으며, 또 살고 있다는 것, 이 사실을 아는 것만으로 나는 충분하다. 죽음에 관한 어리석고 무서운 미신에 이제 더 이상 내가 괴로움을 당하지 않기 위해서는…….

　자기가 죽은 뒤에도 계속 작용할 힘을 남기고 있는 사람들에게 있어서야말로, 우리는 동물적인 자신을 이성에 종속시켜 사랑의 생활에 의지해 왔던 이 사람들이 어째서 생명의 불멸을 의심할 수 없었으며, 또 의심하지 않았는지 그 이유를 알 수 있다.
　이러한 사람들의 생활 속에서 우리는 생명의 불멸을 믿는 그들의 확고한 신념의 토대를 발견할 수 있다.
　다시 우리는 자신의 생명의 본질을 깊이 파고 들어가 생각해 볼 때, 자신 속에서도 이 신념의 토대를 발견할 수 있다.
　그리스도는 말했다.
　"생명의 환상이 사라진 뒤에 나 자신은 살 것이다."
　그가 이렇게 말한 것은 그의 육체가 생존했을 때 이미 단절되는 일이 있을 수 없는 진정한 생명으로 발을 들여 놓고 있었기 때문이다. 그는 그의 육체가 생존하고 있을 때 이미 그가 접근하고 있었던 저 생명의 별개의 핵심으로부터 비치는 빛 속에서 살고 있었던 것이다.
　이 빛이 그의 주위 사람들을 비추는 것을 그는 그의 생존 시에 보고 있었던 것이다.
　동물적인 개인의 행복을 버리고, 동물적인 만인의 행복을 버리고, 이성과 사랑으로 충만된 생활을 영위하는 자는 누구라도 이와 똑같은 것을 볼 수 있다.

  사람의 활동 범위가 아무리 좁더라도 그것이 그리스도이든 소크라테스이든 선량하고 헌신적인 무명의 노인이든 청년이든 부인이든지 그 사람 개인의 동물적인 행복을 버리고 다른 사람의 행복을 위해 살고 있다면, 그 사람은 이미 여기, 즉 현재 이 세상의 생활에서 세계에 대한 새로운 관계로 들어가는 것이다.
  즉 거기에는 죽음이 존재하지 않는 저 새로운 관계로 나아가는 것이다. 그리고 이 새로운 관계를 확립하는 일이야말로 모든 사람들이 인생의 사업으로 마땅히 해야 할 일이다.

  이성의 법칙에 따라 사랑을 나타내는 일에 스스로 인생의 의의를 인정하는 사람은 이미 현재 이 세상의 생활에서 그가 접근하는 생명의 새로운 핵심으로부터 비쳐 오는 빛을 보는 것이며, 또 이 빛이 그를 뚫고 나가 주위 사람들을 비추는 것을 보는 것이다.
  이런 사실이 그에게 생명은 감소되지도 않고 사멸되는 일도 없이 영원히 계속 증대한다는 명확한 신념을 가져다주는 것이다.
  불사(不死)에 관한 신념은 누구에게도 물려받을 수 없다. 스스로 내 마음속에 불사의 신념을 부식(扶植)할 수도 없다.
  불사의 신념이 존재하기 위해서는 먼저 불사가 존재하지 않으면 안 된다. 그 불사가 존재하기 위해서는 자기의 생이 불사라는 한 점에 있어서 자신에게 부여된 생명을 파악하지 않으면 안 된다.

미래의 삶을 믿을 수 있는 사람은 자기 인생의 사업을 완수하고, 더 이상 이 세계에서는 수용할 수 없는 세계에 대한 새로운 관계를 이 인생 속에서 확립한 사람들뿐인 것이다.

자연

스위스에서

놀라운 일이다. 나는 두 달 동안 크라랑에서 살았으나 내가 아침에 혹은 특별히 황혼녘에 식사를 끝내고 나서 창 덧문을 열고 호수를, 그리고 그 호수에 그림자를 비치고 있는 감청색의 산들을 응시할 때, 아름다움이 내 눈을 부시게 하고 일순간에 생각지도 않았던 힘으로 내게 작용해 오는 것이었다.

나는 곧 사랑을 원하게 되는 것이다. 나는 마음속에 자신에 대한 사랑을 느끼기조차 했다. 과거를 아끼고 장래에 기대를 가졌다.

생활한다는 것이 내게 있어서는 즐거운 것이 되었다. 오래오래 살고 싶었다. 그리고 죽음에 관한 생각이 어린애와 같은 시적인 공포를 띠게 되었다.

때로는 이런 일도 있었다. 홀로 그림자가 짙은 정원에 앉아서 호숫가와 호수를 계속 바라보면서 나는 마치 생리적 인상과 같은 것, 즉 어느 정도 아름다움이 눈을 통해 내 마음속으로 흘러 들어오는 것과 같은 것을 느꼈다.

우리의 머리 위에는 호수 위에서는 들리지 않는 숲의 새소리가 넘쳐흘렀으며, 습기와 숲에 베어 쓰러뜨려 놓은 왜전나무의 냄새가 풍기고 있었다.

숲 사이를 걸어가는 것이 매우 기분이 좋았으므로, 숲속을 빨리 빠져나가는 것이 애석하게 느껴질 정도였다.

갑자기 이상하면서도 행복한 봄의 냄새가 우리를 놀라게 했다. 사샤는 숲속으로 달려가서 양벚꽃을 꺾어 왔으나, 그것은 향기를 지니고 있지 않았다.

길 양쪽에 보이는 것은 꽃이 없는 푸른 나무들과 관목들뿐이다. 달콤하고 감각을 마비시킬 것만 같은 그러한 향기가 더욱 강하게 풍겨 왔다.

백 보쯤 걸었을 때 관목이 끝나는 곳에 다다랐다. 그러자 경사진 거대한 백록색의 골짜기가 거기에 산재해 있는 몇 채의 집들과 더불어 눈앞에 전개되었다.

사샤는 초원으로 달려가서 양손에 흰 수선화를 한 아름 꺾어 안고, 견딜 수 없을 정도로 향기가 그윽한 꽃다발을 내게로 가져왔다.

그러나 아이들에게 있는 특유한 파괴적 탐욕에 의해서 너무나 훌륭하게 피어 있는 꽃들을 발로 밟기도 하고, 꺾기도 하기 위해 또 달려갔다. 이 꽃들이 그만큼 그의 마음에 들었던 것이다.

산 위에 오르면 오를수록 걷는 것이 수월해진다는 말을 들었는데 그것은 사실이다. 우리는 벌써 한 시간이나 걸어왔는데도 가방의 무게도 피로도 느껴지지 않았다.

우리 눈에는 아직 해가 보이지 않았지만 해는 우리 머리 위를 지나 지평선 위에 있는 몇 개의 절벽과 소나무를 스치면서 그 광선을 저쪽 언덕으로 던져 주고 있었다.

아래쪽에서 물 흐르는 소리가 들려온다. 우리가 있는 부근에서는 다만 눈 녹은 물방울이 떨어지고 있을 뿐이었다.

우리가 꼬부라진 길을 돌았을 때, 우리 눈앞에 다시 호수와 호수에 비친 산 그림자가 멀리 산 아래로 보였다. 사보이 산맥의 아랫부분은 호수처럼 완전히 푸른빛이었다. 다만 호수보다도 검은빛이 더 많았다.

태양에 비친 그 상부는 흰빛을 띤 장밋빛이었다. 눈을 머리에 이고 있는 산들이 많았다. 그 산들은 보다 높게, 그리고 보다 다양하게 보였다.

돛단배는 보일락말락하는 점과 같이 호수에 떠 있었다. 이것은 참으로 아름다웠다. 너무나 아름다운 것들이었다.

나는 이와 같은 이른바 장대한, 그리고 유명한 풍경을 좋아하지 않는다. 그것은 무엇인가 차가운 것을 느끼게 한다.

내가 자연을 사랑할 때는 자연이 주위에서 나를 둘러싸고, 내 주위에서 자연은 한없이 멀리 전개되어 가는데, 그 안에 내가 있는 그러한 때이다. 내가 사랑하는 것은 나를 둘러싼 공기가 소용돌이치면서 한없이 먼 곳으로 가 버릴 때이다. 내가 그 위에 앉아 깔고 뭉개 버린 바로 그 풀잎이 무한한 초원의 녹색을 이룰 그러한 때이다.

바람으로 인하여 흔들리면서 내 얼굴 위에서 그림자를 움직이는 바로 그 나뭇잎이 먼 숲의 푸른빛을 이룩할 때이다. 여러분이 호흡하는 공기가 무한한 하늘의 짙은 청색을 형용할 때이다. 자연에 환희를 느끼고 희열을 느끼는 것이 여러분만은 아니다. 여러분의 주위에 수만 마리의 곤충들이 윙윙거리며 날아다니고, 땅에는 소가 엎드려 있고, 주위의 모든 것에 새소리가 울려 퍼지는 때이다.

그런데 이것은 알몸이고, 차갑고 광막한 회색의 광장이며, 어딘가 먼 곳에서 무엇인지 아름다운 것이 원경의 안개에 가려 있는 것이다.

그러나 이 무엇인지 알 수 없는 것은 매우 멀리 있기 때문에 자연의 향락을 느끼게 하지 않는다. 자기 자신을 무한한 그리고 아름다운 원경 전체의 일부로 느끼지 않는 것이다. 나는 이 원경을 본 일이 없었다.

3장

죄와 벌

아무런 변화도 두려워할 필요는 없다. 왜냐하면 무저항주의는 강제주의가 아니고 합의와 사랑이 위주이며, 따라서 사람들에게 강제적으로 의무를 부담시키는 것은 아니기 때문이다. '폭행' 대신에 '설득'을 하는 무저항주의는 자유로이 채용할 수 있다.

사 회

1. 해방

아이들에게 말을 주었다. 그러자 그들은 기뻐 날뛰며 그 말을 타고 달렸다. 자꾸만 달려 산 위를 오르기도 하고 내려가기도 했다.

이 양마(良馬)는 땀을 뻘뻘 흘리며 숨을 헐떡이면서도, 그들을 태운 채 달리며 그들이 하라는 대로 했다.

그런데 아이들은 모여서 제각기 큰 소리를 지르며 어깨를 으쓱거리고, 누가 제일 멋지게 타는가, 누가 제일 잘 달리는가, 누가 제일 높이 도약하는가를 서로 자랑하며 뽐냈다.

그런데 그들은 말이 뛰어오를 때 항상 그렇게 생각하듯이 그들 자신이 뛰어오른 것처럼 느껴져서 각자가 자기의 도약을 자랑하는 것이었다.

아이들은 말에 대한 일은 염두에 두지 않고 장시간 노는 데 열중했다. 말이 생물이고, 그렇게 노동을 하면 피로하고 괴롭다는 사실 따위는 잊고 있었다. 그래서 만약 말이 멈추어 서기라도 한다면 세게 말채찍으로 후려갈기고 아우성을 치는 것이었다.

그러나 모든 것에는 종말이 있다.

아이들은 뒤늦게 말이 살아 있는 생물체라는 사실에 생각이 미쳤다. 그리하여 말에게 먹을 것을 주고 물을 마시게 해야 된다는 생각이 들었다.

그러나 아이들은 말을 멈추게 하고 싶지 않았으므로 걸어가면서 말로 하여금 배가 부르도록 먹게 하려면 어떻게 해야 되는지 궁리하기 시작했다.

그들 중 한 아이가 안장 밑에서 건초를 한 다발 꺼내들고 말에서 뛰어내려 말곁에 서서 건초를 주었다. 그러나 걸으면서 말에게 풀을 주는 것은 불편했으므로 그는 다시 말에 올라탔다. 그래서 아이들은 또 다른 방법을 궁리했다.

그들은 긴 막대기를 구해서 그 밑에 마른 풀을 잡아매고 말 위에 앉아 똑바로 그것을 말 얼굴 쪽으로 내밀어, 말이 걸으면서 마른 풀을 먹도록 하려고 했다.

또 다른 두 아이는 말이 비틀거리는 것을 보고, 말의 앞발과 뒷발을 한데 묶어 오른쪽으로도 왼쪽으로도 눕지 못하도록 했다.

아이들은 여러 가지로 궁리했다. 그러나 무엇보다도 먼저 그들의 머릿속에 떠오르지 않으면 안 될, 즉 그들이 말에서 내려야 된다는 것, 말을 타고 가는 것을 중지해야 된다는 사실, 그리고 만약 그들이 진정으로 말을 불쌍하게 생각한다면 말고삐를 풀어 자유로운 세상으로 돌아가게 해 줘야 한다는 생각에는 미치지 못했다.

마치 이 아이들이 그들을 태우고 온 말에게 한 것과 같은 그러한 일을 부유층에 있는 지주들이, 이제는 쇠약해서 더 이상 그들을 태우고 가는 것을 거부하려고 하는 노동자·농민에 대해서 자행해 왔으며, 지금도 또 하고 있는 것이 아닐까?

아이들은 가능한 온갖 방법을 궁리해 냈다. 그러나 오직 하나, 생각이 미치지 못한 건 가장 알기 쉬운 일, 즉 가련한 말에서 내려와 더 이상 말을 몰아세우는 일을 그만두고 놓아 줘야 한다는 것뿐이다.

2. 기근에 직면해서

여러 신문지상에서 오늘날의 러시아 민중의 상태에 대해 언급되어 온 것을 모두 훑어보면, 대략 다음과 같은 숫자를 얻을 수 있다.

즉, 4천만의 러시아인이 굶주림에 직면해 있다는 것이다. 그리고 이 곤궁을 구제할 수단이 거의 없다는 것이다.

러시아에 있는 빵 전부를 굶주린 사람들에게 준다고 가정하더라도—그렇게 가정하는 것이 불가능한 것은 아니지만—역시 굶주린 백성 전부를 급양(給養)하는 데 필요한 양의 4분의 1에도 미치지 못하는 것이다.

적당한 가격으로 외국에서 필요한 양의 빵을 사들여 오는 것은 불가능한 일이지만, 가령 수입한다 하더라도 역시 4천만 명 중 4분의 1은 항상 아사(餓死)의 위험에 직면하게 되는 것이다. 신문의 보도와 풍문에 의한다면 아사는 이미 시작되었다.

이러한 사건도 있었다. 어머니가 몇 명의 아이를 면사무소로 데리고 와, 이제 아이들에게 먹일 것이 아무것도 없다고 하며 그곳에 버리고 간 일이다.

자식과 함께 자살한 어머니의 일이 사람들에게 화제가 되고 있으며, 또 굶어서 죽어가는 아이들을 보다 못해 목을 매고 자살한 또 다른 어머니의 일이 화제에 오르고 있다. 굶주림으로 말미암아 죽은 세 어린이의 일이 신문에 보도되었다.

지금은 아직 따뜻한 가을인데도 도처에서 사람들은 병에 걸리고 굶주림으로 말미암아 몸이 부어오르고 티푸스가 만연하고 있다.

이대로 겨울이 닥치면 어떻게 될 것인가. 여느 때 같으면 볏짚이라도 땔 만한 곳도 올해는 볏짚도 없고, 그렇다고 해서 땔나무는

100킬로미터에서 150킬로미터 이상 멀리까지 가지 않으면 손에 넣을 수가 없다. 이러한 상태에서 추위가 더해진다면 도대체 어떻게 될 것인가?

우리는 모두 이러한 기사를 읽고 있으며, 혹은 또 읽지 않았다 하더라도 자연히 귀로 듣게 된다. 그래서 어깨를 움츠리고 한숨을 쉬고 약간의 돈을 기부하고, '참으로 무서운 일이군!' 정도의 말을 중얼거리고는 다시 자기의 일상생활을 계속하는 것이다.

만약 금전을 기부하는 개인이나 단체가 있다고 하더라도, 또 그 밖에 당국이나 지방자치단체에 근무하여 굶주린 자에게 식량을 공급하는 일에 종사하며 빵을 사 와서는 싼값으로 팔기도 하고, 농가의 목록을 작성하기도 하는 사람들이 있다고 하자.

그리고 또 몇몇 사람이 금전을 기부하고, 또 식량 문제에 진력하는 사람이 있는데도 불구하고 우리 사회는 기부를 하는 사람이나 하지 않는 사람이나, 또 일에 종사하지 않는 사람이나 일에 종사하는 사람이나, 모두가 마찬가지로 서로의 냉담함을 비난하면서도 지금 눈앞에서 일어나려는, 상상만 해도 무서운, 아무도 부정할 수 없는 빈궁에 대해서는 참으로 태연하게 무관심한 태도를 보인다.

만약 어떤 사람이 한창 식사하는 도중에 집 근처에 있는 강물에서 사람이 빠졌다는 소식을 들었다고 하자.

그런데 그가 그대로 식사를 계속하면서 물에 빠진 사람을 구조하기 위한 밧줄을 던질 수단을 궁리한다면 그가 아무리 자기는 물에 빠진 사람에게 동정심을 가지고 있다고 말하더라도 우리는 그를 믿지 않을 것이다. 그리고 그는 물에 빠진 그 사람에 대해서 무관심했다는 것을 알게 될 것이다.

현재 여러 신문에 기사화되고 경고하고 있는 저 궁핍에 대해서도 이와 똑같은 무관심이 현재 우리 사회를 지배한다. 사람들은 식사를 계속하면서 밧줄 그 자체에 대한 궁리에만 시간을 아낌없이 소비함으로써 자신의 동정을 나타내는 것이다.

우리 사회에 소속된 사람들은 평상시의 일과를 계속하고 있다. 즉 이전과 다름없이 음악회나 연극을 보러 갈 것이다. 만약에 무도회가 없다고 한다면 그것은 체면 수습에 불과한 것이다.

이전과 변함없는 식사·의상·경마·승마·마차·사냥·사격·꽃 이야기 등에 관심을 보이고 있다.

생활은 조금도 변하지 않았으며, 현재 엄연히 진행되는 기근에 압도된 것도 아니다. 오히려 반대로 기근이 생활 전체의 흐름에 압도당하고 있다.

기근은 살롱의 화제를 독점하고 있으며, 신문의 몇 단씩을 메워 통신의 흥미 있는 줄거리를 이루고 있으며, 연극과 음악회와 회합 등을 개최하는 구실이 되고 있다.

생활이 기근에 봉사하도록 변모되기는커녕 기근이 실생활의 필요한 일부분으로 되어 버린 것이다. 즉, 기근은 항상 무엇인가에 의해 충족되고 있지 않으면 안 될 그러한 현대적인 유행 대상물의 하나로 된 것이다.

그래서 결국 이 사실은 다음과 같다. 즉, 기근은 우리와는 아무런 관련도 없고, 다만 같은 러시아인이라는 추상적인 점에서 우리와 관련이 있을 뿐이며, 실제에 있어서는 우리에게는 전연 인연이 없는 것처럼 생각되고 있는 사람들 몇몇에게 관계된 일인 것이다.

프랑스의 유명한 철학자이며, 문학자인 볼테르는 이런 말을 했다.

"만약 파리에서 스위치를 눌러 그것으로 중국에 있는 관리를 죽인다는 것이 가능하다고 한다면 이 향락을 즐기지 않는 파리지앵은 별로 없을 것이다."

진실을 말해서는 안 된다는 법이 있는가.

만약에 모스크바, 혹은 페테르부르크(지금의 상트페테르부르크)에서 스위치를 눌러 마두이쉬나 체레보크사이스크의 농민들을 죽일 수가 있고, 그리고 그것을 아무도 알지 못하게 할 수 있다면 이 사실이 그들에게 최소한 만족이라도 줄 수 있는 한, 이 스위치를 누르는 유혹을 억제할 수 있는 사람은 많지 않으리라고 나는 생각한다.

러시아의 부유한 계급에 속하는 인간, 즉 풀 먹인 루바슈카(러시아인이 입는 블라우스식 상의)를 입은 신사·관리·지주·상인·장교·예술가 같은 사람들과 농민들 사이에는 사실대로 말한다면 파리인과 중국의 관리처럼 거의 아무런 관계도 없다.

만약 사회의 어느 인간이 진정으로 민중에게 봉사하고자 한다면,

무엇보다도 먼저 그가 하지 않으면 안 될 일은 자기와 민중의 관계를 명확하게 이해하는 것이다.

아무 일도 계획되지 않았을 때에는 허위도 단순한 허위에 그치고 특별히 해를 미치지 않으나, 오늘날과 같이 사람들이 민중에게 봉사하기를 원하는 이러한 때에는, 무엇보다도 먼저 하지 않으면 안 될 중요한 일은 그 허위를 제거하고 자기와 민중의 관계를 명확하게 이해하는 것이다.

자기와 민중 사이의 진정한 관계를 이해하고, 우리는 그의 덕택으로 살고 있는 것이다. 그의 빈궁은 우리가 유복한 데서 일어나고, 그의 기아는 우리의 포식에서 오는 것이라는 점에 입각하여 진정으로 민중에게 봉사하고자 원한다면 무엇보다도 먼저 우리가 해야 할 일은 민중을 파멸시키는 그러한 일을 그만두어야 된다.

만약에 우리가 진정으로 말(馬)을 불쌍하게 생각한다면 무엇보다도 먼저 우리는 말에서 내려 자기 발로 걸어서 가야 할 것이다.

우선 우리는 농민들에게 반환한다는 일에, 즉 우리가 끊임없이 민중으로부터 거두어들였던 것을 민중에게 돌려주는 일에 노력하고, 지금 현재 그들에게 거두어들이는 것이 있다면 그 일을 중지해야 한다.

자기의 생활을 바꾸고, 우리와 민중 사이를 가로지르는 종족의 선을 소멸시키는 일에 노력하고, 단순히 동등한 입장으로서가 아니라, 우리보다도 훌륭한 동포로서의 입장으로 민중에게 접근해야 할 것이다.

오랫동안 우리는 그들 앞에 죄를 범해 왔다. 그 형제들의 발아래 후회와 겸양과 사랑으로써 접근해야 한다.

민중은, 모든 민중은 먹고살 수 있는 것인가, 살 수 없는 것인가?

나는 알지 못한다. 이러한 견지에 입각해서 사람들은 나 자신에게 말할 것이다. 나는 알 수가 없다고.

내일이 오면 질병의 유행이라든가, 외적의 침입이 있음으로써 기근이 없더라도 민중이 죽을는지도 모르는 일이며, 혹은 내일이 되면 새로운 먹을 것이 발견되어 그것이 전부의 식량이 될 수 있을는지도 모르는 일이며, 또한 더할 나위 없이 간단하게도 내일이 되면 내 자신이 죽어 버려서 민중이 먹든가 굶든가 하는 일을 전연 알지 못하게 되는지도 모른다.

그러나 중요한 것은 간신히 살아가고 있는, 4천만 민중의 급양 사업에 나를 종사하게 할 수 있는 자는 아무도 없다는 사실이다. 그리고 또 나는 민중에게 의식을 급여하여 사람들은 불행으로부터 구출하고자 하는 외부적인 목적을 달성할 수는 없다. 나는 다만 하나의 일밖에는 할 수 없다. 그것은 모든 사람을 예외 없이 형제로 보고, 내 형제들의 행복에 협력하는 일에 전력을 다하는 것이다.

인간은 외부적인 여러 문제를 해결하는 사명을 떠나서 각자의 유일하고 진정한 내부적 문제, 즉 자기는 이 곤란한 사건을 당하여 위에서 말한 바와 같은 그러한 모든 문제의 해결을 얻기 위해서 어떻게 처신하면 좋은가? 이러한 문제에 자기를 바쳐야 한다. 이것은 놀라운 일이다.

자기와 민중의 관계를 바꾸지 않는 그러한 정부 당국의 활동은 커다란 목적을 세우고는 있지만 결코 그것을 달성 못할 것이다.

개인적인 활동은 작은 세부적인 목적만을 이룰 수 있을 뿐이지만, 정부가 달성하지 못하는 그러한 목적을 달성할 것이다.

3. 근로자와 토지

허무한 광야와 초원과 삼림의 한가운데 있는 농촌에서 몇 십 년이고, 때로는 몇 대에 걸쳐서 영위해 온 그 생활을 버리고, 몇 포기의 오이와 두 포기의 해바라기를 겨우 심을 수 있는 작은 뜰이 있고, 더럽혀진 공기로 충만된 작은 집을 자기 주인에게 얻어서 기뻐하는 노동자를 볼 때—제삼자의 눈에 아무리 기묘하게 보인다고 할지라도—당사자의 기쁨은 이해될 수 있다. 토지 위에서 살고 토지에 대한 자신의 노동으로 생계를 세운다고 하는 가능성은 과거에도 그랬던 것처럼 언제나 행복하고 독립된 인간 생활에 있어서 중요한 여러 조건의 하나로서 남아 있다.

이 사실은 항상 모든 사람들이 알고 있었던 것이다.

그러한 까닭에 항상 모든 사람들은 물속의 물고기처럼 이와 같은 생활 혹은 이와 비슷한 생활을 희구했고, 현재도 희구한다. 그리고 앞으로도 그러할 것이다.

그런데 사회주의 학설은 사람들의 행복을 위해 필요한 것은 식물과 동물 사이에서 하는 농경 작업에 의해 거의 모든 나날의 필요를 자급자족할 가능성을 가진 이러한 생활이 아니라고 부정한다.

그리고 오염된 공기 속에서, 그러나 더욱더 커지는 필요를 충족하기 위해 공장에서 무수한 노고를 생산하는 산업 중심지의 생활이 사람의 행복을 위한 길이라고 주장한다.

그리하여 공장 생활의 유혹 속에서 정신이 혼미한 노동자들은 이 학설을 믿고, 모든 힘을 노동 시간과 임금의 증액을 위한 자본가들과의 가엾은 투쟁에 소비하면서 그들이 대단히 중요한 일을 하는 것처럼 생각한다.

그렇지만 토지에서 벗어난 노동자가 그 모든 힘을 소비해야 할 유일하고 중요한 일은 자연 속 생활 즉, 농경 생활로 복귀하는 수단을 발견하고자 하는 가운데에 있는 것이다.

"그러나."

사회주의자들은 말한다.

"만약 자연 속의 생활이 공장에서의 생활보다도 좋다고 할지라도 지금에 와서는 이렇게 공장 노동자가 많아졌으며, 이들은 농경 생활을 버린 지가 오래 되었으므로 그들이 토지 위의 생활로 복귀한다는 것은 이미 불가능하다. 불가능한 이유는 이러한 이행은 국가의 부를 형성하는 공장 산업 생산의 수량을 감소시키기 때문이다. 그뿐만이 아니라 만약 그러한 이유가 없다고 하더라도 비어 있는 토지로는 모든 공장 노동자들이 살고 생활하기 위해서는 부족한 것이다."

공장 노동자가 토지로 돌아가는 것이 사람들의 부를 감소시킨다는 주장은 올바르지 않다.

왜냐하면 토지 위에서의 생활은 노동자들이 자기 시간의 일부를, 가정에 있어서의 노동 내지는 공장에까지도 참가하는 가능성을 없애는 것은 아니다.

만약 이 이행의 결과로써 대단한 속도로 현재 커다란 여러 공장에서 제작되는 무익하고 유해한 물품의 생산이 감소되고, 중요치 않은 물품의 생산 과잉이 조절되고, 곡물·채소·과실·가축 등의 양이 증가된다면 이것은 조금도 사람들의 부를 감소시키는 것은 아니며, 오히려 그것을 증대하게 한다.

마찬가지로 모든 공장 노동자들이 살고 생활하기 위해서는 토지가 부족하다고 하는 결론은 올바르지 않다.

왜냐하면 대지주에 의해서 소유되는 토지가 만약 현 기술의 성공에 의해 획득할 수 있는 데까지, 혹은 그렇지 못하다 할지라도 이미 2천 년 전에 중국에서 도달했던 정도의 경작으로까지 도달하기만

한다면, 모든 노동자를 급양(給養)하기에 충분할 것이기 때문이다.

대지주에 의해서 소유되는 토지는 러시아는 말할 나위도 없고 영국이나 벨기에와 같은 유럽의 각국에 있어서도 공장 노동자를 급양하기에 충분한 면적을 차지한다.

이 문제에 흥미를 가지고 있는 사람들이 크로포트킨(러시아의 무정부주의자)의 《빵의 약취(略取)》, 《전원, 공장 및 제작소》를, 그리고 또 포포프의 《빵의 밭》을 읽는다면, 또 토지가 잘 가꾸어진다면 농업의 생산은 아직도 몇 배로 증대될 수 있으며, 현재보다 몇 배나 많은 인원을 같은 면적의 토지로 급양할 수 있다는 것을 발견할 것이다.

그리고 토지 경작의 완성된 수단은 만약 소지주들이 현재와 같이 자기 수입의 대부분을 그들이 토지를 빌리는 대지주에게 주어야 하는 그러한 일만 없다면, 반드시 그들 소지주에 의해서 채용되고 시작되었을 것이다.

빈 토지는 노동자 전부를 수용하기에는 부족하다. 그러므로 지주들이 노동자들에게 주지 않고 억제하고 있는 토지를 노동자들이 점유할 수 있도록 해야 된다.

이 문제에 대한 논의는 빌려 주지 않고 있는 집의 문 앞에 서서, 그 집 안으로 피난하려는 사람들을 보고, 다음과 같이 말하는 것과 비슷하다.

"이 사람들을 집에 들여보낼 필요가 없다. 왜냐하면 그들 모두를

집 안에 수용할 수 없으니까."

들어가고자 하는 자를 받아들여 보라. 그러면 그들이 거기에 들어왔다는 사실을 보고, 그들의 전부가 들어올 수 있었는지, 혹은 그들의 일부분밖에 들어올 수가 없었는지를 알게 될 것이다.

만약 전부를 수용하지 못한다고 수용할 수 있는 자를 못 들어오게 한다는 것이 사리에 맞겠는가?

토지의 경우도 이와 마찬가지이다. 노동자들에게 주지 않고 억제하는 토지를 그것을 요구하는 자들에게 맡겨 보라. 그러면 이 토지가 충분한지, 불충분한지 명확하게 알게 될 것이다.

그리고 또 현재 공장에서 일하는 노동자들에게 나누어 줄 토지가 부족하다는 결론은 본질적으로 올바르지 않다. 만약 공장 노동자들이 현재 돈으로 산 빵으로 살고 있다고 한다면 어째서 그는 다른 자들에 의해서 생산되는 이 빵을 사는 대신에 그가 먹는 빵을 생산하는 토지를—그 토지가 인도에 있든 아르헨티나에 있든, 오스트레일리아에 있든 시베리아에 있든—경작해서는 안 된다는 말인가? 여기에는 어떠한 이유도 있을 수 없다.

어째서 공장 노동자들을 토지로 옮기는 것이 마땅하지 않고, 또 옮겨서는 안 되는가 하는 문제에 대한 모든 결론은 어떠한 근거도 가지고 있지 않다.

반대로 이와 같은 이행은 일반의 행복을 위해서 유해할 수가 없을 뿐만 아니라, 오히려 그 행복을 증대하는 것이다. 그리고 의심할 여지없이 인도와 러시아, 그 밖에 현재의 토지 분배의 부정을 지적할 수 있는 모든 지방에 있어서의 만성적인 기근을 근절시킬 수 있다는 것은 명백한 사실이다.

영국과 벨기에, 그리고 미국의 어느 주와 같이 공장 산업이 특별히 발달된 곳에서는 노동자들이 토지로 복귀하는 것이 매우 곤란한 정도까지 사도(邪道)로 이끌려 들어가고 있다.

그러나 노동자들이 농경 생활로 복귀하기가 어렵다고 해도 이와 같은 이행의 실현 가능성을 조금도 배제하는 것은 아니다.

이러한 이행이 성취되기 위해서는 무엇보다도 먼저 노동자들이 이행하는 것이 그들의 행복을 위해 불가결한 것이라는 사실을 이해하고, 그 실현의 수단을 탐구해야 한다.

지금 자기가 일하는 공장의 노예적인 환경은 영원토록 자기에게 주어진 길이며 그것을 경멸할 수는 있을지언정, 결코 폐하여 없앨 수는 없다고—현재 사회주의 학설이 그들에게 가르치는 것처럼—생각하지 않는 것이 필요하다.

이럴 때 토지를 포기하고 공장에서 일하는 노동자들에게 필요한 것은 동맹이나 조합, 파업도 아니고, 메이데이의 깃발을 든 어린애 같은 만보(漫步)도 아니다. 필요한 것은 오직 하나, 공장의 노예적 환경으로부터 자유롭게 되어 토지 위의 생활로 옮기는 수단 방법의 탐구인 것이다.

그런데 이 이행에 있어서 중요한 장애가 되는 것은, 현재 토지가 그 위에서 일하고 있지 않은 소유자에 의해서 점유되어 있다는 사실이다.

그들은 지배자들에게 청구하는 것이 마땅하며, 요구하는 것이 당연하다. 그리고 이것을 요구하는 그들은 그들에게 소속되지 않은 아무런 연관도 없는 것을 요구하는 것이 아니다.

아무런 의심할 여지가 없이 이 땅에 살고 있는 사람이라면 각자가 타고 난 그 누구도 빼앗을 수 없는 자기의 권리를—토지 위에서 토지로 생계를 유지하고 이에 대한 타인의 허가를 필요로 하지 않는다는 권리를—되찾기 위하여 요구하는 것이다.

이 일을 위하여 노동자 대표자들은 의회에서 투쟁해야 한다. 그리고 노동자 편에 있는 신문은 이 일을 선전해야 한다. 이에 대비해서 공장 노동자 자신은 마땅히 준비해야 한다.

이것은 토지를 포기한 공장 노동자들에게 해당되는 이야기이다. 러시아 노동자의 대다수인 80퍼센트가 아직 토지 위에서 생활하는 노동자들인 바, 그들에 관한 문제는 오직 토지를 포기하지 말고, 그들이 어떻게 하면 자신의 상태를 개선할 수 있을 것인가 하는 점에만 있다.

이를 위하여 필요한 것은 오직 하나, 즉 노동자들에게 현재 대지주들이 점유한 토지를 주는 일이다.

러시아에서 처음 만나는 농부나 또는 도회지에 있는 노동자에게, 어째서 그는 좋지 않은 생활을 하고 있는가에 대해서 물어 보라. 그러면 모든 사람의 대답은 똑같이 토지가 없다, 어디를 가도 손을 댈 토지가 없다고 대답할 것이다.

그런데 러시아에 있어서는 토지의 부족에 대한 백성들의 끊임없는 외침이 울려 퍼지는 곳에서, 백성에게 봉사하려는 생각을 가진 사람들이 그들에게 선전하는 것은 빼앗긴 토지를 되찾기 위한 방법이 아니라, 공장에 있어서 자본가와 투쟁하는 방법이다.

그러나 과연 모든 사람들이 농촌에서 생활하고 농경에 종사할 필요가 있는 것일까, 하고 이 일을 어쩐지 기묘하고 불가능한 것으로 생각할 정도까지 부자연한 생활에 익숙해진 사람들은 말할 것이다. 하지만 어째서 모든 사람이 농촌에서 생활하고 농경에 종사해서는 안 된다고 하는 것일까?

농촌의 생활보다 공장의 노예적 환경이 좋다고 하여 선택하는 그러한 기묘한 취미를 가진 사람들이 있다면, 아무도 그들이 그렇게 하는 것을 방해하지 않을 것이다.

문제는 다만 인간 각자가 인간답게 생활하는 가능성을 갖는다는 점에 있다. 우리가 모든 인간은 제각기 가족을 가질 수 있게 되기를 원한다고 말할 때에는 인간 모두가 결혼해서 아이를 가져야 한다고 말하는 것은 아니다. 다만 인간이 이러한 가능성을 가지지 않는, 그러한 사회의 태도는 나쁘다는 것을 말하는 것에 불과하다.

4. 그들에게 자유를

우리는 흔히 노동자는 정부와 부자들에 의해서 노예화되고 있다고 말한다. 그러나 도대체 정부와 부유층을 형성하는 이 사람들은 누구란 말인가?

그 각자가 몇 십 명, 몇 백 명의 노동자를 정복할 수 있는 부자란 도대체 누구인가? 그것은 그들이 아주 다수이고 노동자가 아주 소수라는 것인가? 아니면 위정자와 부자, 이 사람들만이 오직 필요한 모든 것을 만들고 사람들이 생활하는 데 필요한 모든 것을 생산할 줄 안다는 것인가?

이 사람들은 부자가 아니라 반대로 약하고 무력한 사람들이다.

그리고 이 사람은 다수가 아닐 뿐만 아니라 그들의 수는 노동자들의 100분의 1도 안 된다. 그리고 생활에 필요한 모든 것은 그들에 의해 생산되는 것이 아니라 노동자에 의해 생산되는 것이며, 그들이야말로 아무것도 할 줄 모르며, 또 하려고도 하지 않는다. 그들은 다만 노동자에 의해 생산된 것을 탐내어 먹고 있을 뿐이다.

그렇다면 도대체 어째서 이와 같이 약하고 무위(無爲)하고 아무것도 할 줄 모르며, 하려고도 하지 않는 사람들의 소수 무리가 몇 백만의 노동자들 위에서 지배하는 것인가?

대답은 오직 하나이다. 그것은 노동자들이 자기의 생활에 있어서 그들의 압박자들이 따르고 있는 것과 동일한 규칙과 법도에 복종하는 데서 발생하는 것이다.

지배자와 부자가 노동자 위에 군림하는 것은, 노동자가 이와 마찬가지로 동일한 수단에 의해 자기의 동료인 노동자 위에 군림하려 하기 때문에 그렇게 된 것에 불과하다. 이 사실에 의해서―인생의 이해의 동일성에 의해서―노동자들이 자기의 압박자들에게 진정으로 봉기한다는 것은 불가능하다.

노동자가 지배자와 부자로부터 받는 압박이 아무리 괴로운 것이라 할지라도 그는 마음속으로 자기도 작은 형태로 자기의 동료들에게 이와 똑같이 행동했을 것이다. 또 확실히 그렇게 행동할 것이라는 것을 알고 있다.

노동자들 스스로가 상대를 노예화하려는 욕망으로 자기를 속박한 것이며, 그러므로 이미 힘과 권력을 장악한 교활한 사람들에게 있어서는 그들을 노예화하기란 참으로 용이한 일이다.

만약 노동자들이 어떻게 해서라도 가까운 자의 궁핍을 이용하여 자기의 행복을 건설하려는 일에만 애쓰고 있는 지배자나 부자와 같은 동일한 사람을 노예화하려는 마음을 품지 않고, 서로가 상대를 생각하고, 돕고, 동료애로 생활해 왔다면, 아무도 그들을 노예화하지는 못했을 것이다.

그러므로 노동자로서는 지배자와 부자에 의한 압박으로부터 자유롭게 되기 위해서는 오직 하나의 수단이 있을 뿐이다. 즉, 그들이 자기의 생활을 하는 데 있어서 따르고 있는 그러한 것들을 거부하는 것이다. 바꾸어 말하면 황금신(黃金神)에 봉사하는 것을 그치고, 신에게 봉사하는 일을 시작하는 것이다.

백성의 거짓된 친우들이 그대들에게 말하는 것, 그리고 그대들 자신이—적어도 그대들 중의 몇 사람이—스스로 말하는 것은 현존하는 모든 제도를 변경하지 않으면 안 된다는 것이다. 그것은 노동의 무기와 토지를 영유하고, 현재의 정부를 전복시키고 새로운 정부를 수립한다는 것이다.

그리하여 그대들은 이것을 믿고 희망하고 목적을 달성하기 위하여 노력하고 있다.

그러나 그대들이 원하는 바가 달성되었다고 하자. 현재의 정부를 물리치고 새로운 정부를 수립하고, 모든 제작소·공장·토지를 영유한다고 하자.

어째서 그대들은 새로운 정부를 형성하는 사람들이 현재의 사람들이 따르고 있는 것과는 이질적인 새로운 기초에 따라서 행동하리라고 생각한단 말인가?

그러나 만약 그들이 동일한 기초에 따른다면 그들은 현재의 위정자들과 똑같이 자신의 권력을 지지할 뿐만 아니라 강화하려고 노력할 것이며, 자기들의 이익을 위하여 자기의 권력으로 할 수 있는 모든 일을 할 것이다.

어째서 그대들은 공장과 토지를 새로이 영유하는 사람들이 현재의 사람들과 동일한 견해를 가진 사람들인데도 불구하고, 현재와 마찬가지로 우직하고 온순한 사람들에게는 오직 없어서는 안 된다는 최소한의 것만을 남겨두고, 자기는 사자(獅子)의 몫을 강탈하는 그러한 방법을 발견하지는 않을 것이라고 상상한단 말인가.

그대들은 이렇게 말할 것이다.

"그러한 일은 절대로 할 수 없도록 제도가 세워질 것이다."

그렇지만 신의 손으로 혹은 자연에 의해서 만들어진 토지는 토지 위에서 태어나 일하는 모든 사람들에게 소속된 것이다, 라는 것보다 더 좋은 의견이 무엇이 있겠는가.

그러나 사람들은 이 신이 만든 것조차도 파괴하려고 궁리한다.

인간이 만든 조직을 전복시킨다는 것은, 개인적인 행복에 관련된 일에 대해서만 행동하는 사람들로서는 언제나 몇 백 가지의 수단이 발견될 수 있을 것이다.

외적인 조직의 변경은 그 어떠한 것도 사람들의 상태를 좋게 하지 않는다. 또 좋게 할 수도 없다. 그러한 까닭에 노동자 여러분에게 하고자 하는 나의 가장 중요한 권고는 그대들의 압박자인 다른 사람들을 비판하지 말고, 오직 자기 자신을 바라보고 자기의 내적인 생활을 바꾸도록 하라는 점에 있는 것이다.

그대들은 그대들의 수중에서 폭력에 의해 박탈되고 절취된 것을, 그대들이 완력으로 되찾아 자기의 것으로 만드는 것은 정당하고 유리하다고 생각할 것이다.

혹은 길을 잃은 사람들의 교의에 따라서 계급투쟁에 참가하고, 다른 사람들의 손으로 만들어진 노동의 무기를 획득해서 자기의 것으로 만드는 것은 정당하고 또 두말할 나위 없이 유리하다고 생각할 것이다.

또 관리가 되어 근무하는 그대들은 그대들에게 동료를 폭행하고 상해할 것을 명령하는 상관에게 복종할 의무가 있고, 그러한 행동을 명령하지 않는 신에게는 복종할 의무가 없는 것으로 생각할 것이다.

혹은 지주의 토지에서 자기가 노동하는 것과 그 토지를 임대함으로써 토지 사유의 불법성을 지지하고 있으면서도 아무런 나쁜 일도 하지 않고 있다고 생각할 것이다.

그렇게 하면 그대들의 상태는 더욱더 나빠지기만 할 것이며, 그대들은 영원히 노예로서 끝나고 말 것이다.

그러나 그대들의 진정한 행복을 위하여 그대들에게 필요한 것은, 그리고 그대들이 원하는 것을 하기 위해서는 그대들이 원하는 것을 다른 사람에게도 해 주고, 오직 신의 법률에 따라 동료적인 생활을 하는 데 있다는 사실을 이해해야 한다. 그리고 그 이해하는 정도에 따라서 실행한다면 그대들이 원하는 행복은 실현될 것이며, 그대들의 노예적 환경은 소멸될 것이다.

"진리를 알라. 그러면 진리는 그대들을 자유롭게 하리라."

죄와 벌

어느 혁명가의 신상에 관한 이야기

"내가 수감되었던 감옥에서는……."

크르이리초프는 네플류도프에게 말했다(그는 그 앙상한 가슴과 두 무릎을 두 팔로 꼭 껴안고 마룻바닥에 앉아서 이따금 그 빛나고 열정적인 아름다운 눈으로 네플류도프를 바라보는 것이었다).

"그 감옥에서는 특별히 엄격한 취급은 받지 않았습니다. 우리는 벽을 두드려 신호를 보냈을 뿐 아니라 복도를 거닐기도 하고, 이야기를 하기도 하고, 음식과 담배를 서로 나누기도 했으며, 밤마다 합

창을 하기도 했습니다. 저는 이래뵈도 목소리가 꽤 좋은 편이었으니까요. 그렇죠, 그래서 만약 어머니가 계시지 않았더라면—어머니의 걱정은 참으로 대단하셨으니까요—전 감옥에 있는 편이 좋다는 생각이 들었어요. 유쾌하고 또 재미가 있을 정도였으니까요. 그중에서도 저는 거기에서 그 유명한 페트로프와 그 밖의 사람들과 만난 것은 잊을 수 없습니다. 페트로프는 그 후 요새 감옥에서 유리 조각으로 자살하고 말았습니다.

저는 혁명당원은 아니었지만 옆 감방의 두 사람과도 알게 되었습니다. 그들은 폴란드 독립선언 사건으로 체포되었는데, 역으로 호송되는 도중에 탈주하려던 죄로 재판에 회부되었던 것입니다. 한 사람은 로젠스키라는 폴란드인이고, 또 한 사람은 로조프스키라는 유대인이었습니다. 그런데 로조프스키는 아주 어린 소년이었습니다. 자기 말로는 17세라고 말했지만 15세 정도로밖에 보이지 않았습니다.

야위고 몸집이 작았으며 까맣게 빛나는 눈을 가진 원기가 왕성한 소년으로서, 유대인답게 매우 예민한 소년이었습니다. 음악을 매우 좋아하고 노래를 잘 불렀습니다."

크르이리초프는 네플류도프에게 계속 말했다.

"그런데 제가 보는 앞에서 두 사람은 재판소에 끌려갔습니다. 아침에 끌려갔지요. 저녁때 돌아와서는 사형 선고를 받았다고 하더군요. 이건 아무도 예상하지 못했던 일입니다. 사실 두 사람의 죄란 그리 대단한 것은 아니었으니까요. 다만 호송 도중에 도망하려고 했을 뿐, 누구 한 사람 다친 것도 아니었으니까요.

게다가 로조프스키 같은 소년을 사형시키려 하다니 도저히 생각할 수조차 없는 일이었습니다. 그래서 감옥에 있는 우리 동지들은 모두 이것은 위협에 지나지 않으며, 그런 판결은 실행되지 않으리라고 생각했습니다.

처음에는 흥분했지만 차차 잠잠해졌고, 생활은 예전대로 계속되었습니다. 그런데 어느 날 밤이었어요. 간수가 제 감방으로 오더니 목수가 교수대를 만들고 있다는 것을 몰래 알려 주었어요. 처음에는 그것이 무슨 말인지, 무엇 때문에 만드는 교수대인지 짐작할 수 없었습니다.

그러나 늙은 간수가 안절부절못하는 것을 보자, 저는 그것이 두 사람의 처형 때문이라는 것을 깨달았지요.

저는 벽을 두드려서 동료들에게 전하고 싶었지만 그 두 사람 귀에 들어갈 것이 두려워 주저했습니다. 다른 수감자들도 잠자코 있었습니다. 확실히 모두가 알고 있는 눈치였습니다. 복도도 감방도 그날 밤은 죽은 듯이 조용했습니다.

우리는 벽을 두들기지도 않았으며, 노래도 부르지 않았습니다.

10시경에 다시 간수가 감방으로 오더니 모스크바로부터 사형 집행인이 도착했다는 것을 알려 주었습니다. 그는 단지 그 말만을 해 주고는 가 버렸습니다. 그래서 저는 간수를 다시 불렀지요. 좀 더 자세히 알아보기 위해서였지요. 그런데 뜻밖에 로조프스키가 자기 감방에서 복도 너머로 내게 큰소리로 외치고 있는 것을 들었습니다.

"당신 왜 그래요? 뭣 때문에 간수를 부르는 거요?"

저는 간수에게 담배를 부탁하고 싶어 그런다고 거짓말을 했습니다만, 그는 눈치를 챘는지 왜 노래를 부르지 않느냐, 왜 벽신호를 하지 않느냐고 제게 묻기 시작하더군요.

저는 그때 어떻게 대답했는지 기억이 없습니다. 다만 그 이상 그와 말하지 않기 위해 얼른 문가를 떠났습니다. 그날은 무서운 밤이었습니다. 저는 밤새도록 작은 소리도 놓치지 않으려고 열심히 귀를 기울였습니다.

아침이 되자 갑자기 복도의 문이 열리더니, 누군가 몇 사람 들어오는 발소리가 들렸습니다. 저는 창가로 다가섰지요. 복도에는 램프 불이 켜져 있었습니다. 맨 앞은 소장이었습니다. 몸집이 뚱뚱하고 자신만만하게 보이는 사람이었습니다만, 안색이 창백하고 겁먹은 듯이 눈을 내리깔고 있었습니다.

그 뒤에는 부소장이 불쾌한 듯 찡그린 얼굴로 따르고 있었습니다. 맨 뒤에 간수가 따랐습니다.

그들은 제 방문 앞을 지나, 옆 감방 앞에서 멈추었습니다. 그러고는 부소장이 "로젠스키, 일어나. 깨끗한 셔츠로 갈아입어!" 하고 외치는 소리가 들렸습니다.

이어 문이 삐걱하며 열리더니 그들이 감방으로 들어가는 소리와 로젠스키의 발소리가 났습니다. 그때 간수가 보였습니다. 그는 파랗게 질린 얼굴을 하고 버티어 선 채 어깨를 움츠리며 단추를 끼웠다 뺐다 하며 안절부절못했습니다.

그런데 갑자기 마치 무언가에 놀란 듯 옆으로 비켜서더군요. 로젠스키가 불쑥 그의 옆을 지나, 제가 있는 감방 문가로 다가왔기 때문이었습니다. 그는 잘생긴 젊은이였습니다. 넓고 수려한 이마, 모자를 쓴 것처럼 부드러운 금발, 맑고 푸른 눈, 건강미 넘치는 청년이었지요.

그는 제제가 서 있는 창 앞에 멈추었습니다. 그리고 무섭도록 수척하고 핏기 없는 얼굴로 물었습니다.

"크르이리초프, 담배 있소?"

저는 담배를 주려고 했습니다. 그런데 부소장이 재빠르게 자기 담배를 꺼내어 그에게 준 다음 성냥을 그어 불을 붙여 주었습니다.

그는 담배를 한 모금 빨아들이며 무엇인가 생각하는 것 같았습니다. 그러고는 무엇인가 생각해 내기라도 한 듯 입을 열었습니다.

"잔혹하고 부당하다. 나는 아무런 죄도 범하지 않았단 말이야. 나는……"

그 희고 젊은 목덜미에 꿈틀하고 경련 같은 것이 스치더니 그는 입을 다물었습니다.

그때 로조프스키가 복도 안쪽에서 가는 목소리로 무언가 유대어로 외쳤습니다.

로젠스키는 피우던 담배를 버리고 문가를 떠났습니다. 그러자 창문에 로조프스키의 모습이 나타났습니다.

눈물이 글썽글썽한 검은 눈에 앳된 얼굴은 시뻘겋게 상기되고 땀이 배어 있었습니다. 그도 역시 깨끗한 셔츠를 입고 있었으나 양복바지가 너무나 크기 때문에 연방 그것을 두 손으로 끌어올리면서 부들부들 떨고 있었습니다.

그는 애처로운 얼굴을 나의 창문에 갖다 대며 "아나톨리 페트로비치, 의사가 내게 진정제를 지어주었다는데 정말일까요? 나는 심장이 약해서 진정제를 먹어야 한다는데."라고 말했습니다.

그러나 아무도 대답하지 않았습니다. 그는 대답을 구하듯 내 얼굴과 소장의 얼굴을 번갈아 보았습니다. 그가 무슨 말을 하려고 한 것인지는 저로서도 알 수가 없었습니다.

갑자기 부소장의 표정이 굳어지더니 흥분한 어조로 외쳐 댔습니다.

"무슨 농담을 하는 거야? 자, 어서 가."

로조프스키는 자기를 기다리는 것이 무엇인지를 몰랐던 모양이었습니다. 급한 일이라도 있는 사람처럼 뛰다시피 앞장을 서서 걸어가더군요.

그러나 곧 그는 무엇인가를 잡고 늘어진 것 같았습니다. 귀를 찢는 듯한 그의 외침 소리와 울부짖는 소리가 내 귀에 들려왔습니다. 그리고 끌고 가려는 떠들썩한 소리와 요란스러운 발소리가 들렸습니다. 로조프스키는 가슴을 도려내는 듯한 소리로 울부짖었습니다.

그러나 이윽고 그것도 점점 멀어지고 복도의 문이 삐거덕거리며 닫히고 조용해졌습니다. 그렇습니다. 그렇게 하여 두 사람은 교수형에 처해졌습니다. 밧줄로 목을 매단 것입니다.

간수가 그것을 보았노라고 하면서 제게 말해 준 바에 의한다면, 로젠스키는 아무런 반항도 하지 않았으나 로조프스키는 장시간 난폭하게 굴어 여럿이서 교수대 위로 끌어올려 강제로 목에 올가미를 걸었다고 합니다. 그 간수는 약간 모자라는 듯한 사나이였습니다.

"무섭다는 말을 들었지만 말이죠. 조금도 무섭지가 않더군요. 그들은 매달리자 말이죠, 두 번 가량 어깨를 이런 식으로……"

그렇게 말하며 그는 심하게 어깨를 아래위로 흔들어보였습니다.

"'그리고 사형 집행인이 좀 더 올가미 끈이 단단히 매어지도록 잡아당기자 그것으로 끝장이더군요. 그만 꼼짝도 하지 않지 뭡니까. 무섭기는커녕 아무렇지도 않았습니다.'라는 거예요."

이렇게 크르이리초프는 간수의 말을 되풀이하며 미소를 지으려고 했으나, 미소 대신에 큰 소리로 울음을 터뜨리고 말았습니다.

그리고 나서 그는 한참 동안 입을 다물고 있었습니다. 그리고 괴로운 듯 숨을 몰아쉬면서 목구멍에 치밀어 오르는 울음을 억지로 참으려고 잠자코 있었습니다.

"그때부터입니다. 제가 혁명당원이 된 것은, 정말입니다."

그는 조금 마음이 진정되자 이렇게 말하며 그의 신상에 관한 이야기를 간단히 끝맺었습니다.

감옥에 관하여

쇼무카(13세), 아크슈토카(10세), 미치카(10세), 파라슈카(9세), 붕카(8세)는 벗을 모아 놓고 우물가에 앉아 있다.

아크슈토카 : 마트료나 아주머니의 고생이란 말로 다할 수 없단다. 아이들은 하나가 울기 시작하면 전부가 일시에 울어 댄단 말이야!
붕카 : 왜 우는 거지?
파라슈카 : 왜 울다니? 아버지가 감옥에 끌려갔는데 안 울겠니?
붕카 : 어째서 감옥에 끌려갔지?

아크슈토카 : 알게 뭐냐. 경찰이 와서는 어서 준비하라고 말하곤 그대로 끌고 가 버렸어. 난 전부 보고 있었단다.

쇼무카 : 그야 말을 훔치고 하니까 끌려가는 거지. 좀킨의 말도 훔쳤지. 크라소프의 말도 그 녀석의 짓이지. 우리 집 수말 역시 그 녀석의 손을 벗어날 수 없었단 말이야. 그런데도 참 잘했네 하면서 그 녀석의 머리라도 쓰다듬어 주란 말이니?

아크슈토카 : 그런 말이야 하나마나지. 그렇지만 아이들이 불쌍하잖니. 넷이나 되는데 가난해서 빵도 없는 처지니. 오늘도 우리 집으로 얻으러 왔었어.

쇼무카 : 그러니까 도둑질을 안 하면 되잖아.

미치카 : 그렇지만 도둑질한 건 아버지고 아이들은 모르는 일이잖아. 무엇 때문에 아이들까지 거지노릇을 해야 된단 말이니?

쇼무카 : 그러니까 도둑질을 안 하면 되잖아.

미치카 :그건 아이들이 한 짓이 아니고 아버지가 했잖아.

쇼무카 : 원 참, 아이들, 아이들만 내세우는군. 그런데 왜 그 녀석은 나쁜 짓을 한다지? 도대체 뭐란 말이야? 아이가 많으면 도둑질을 해도 좋다는 말인가?

붕카 : 감옥에 들어가면 어떻게 될까?

아크슈토카 : 가만히 앉아 있는 거지 뭐, 그것뿐이지 뭐.

붕카 : 먹여 주기는 할까?

쇼무카 : 그럼. 그러니까 그 녀석들이 감옥을 겁내지 않는단 말이

야. 밉살스런 말도둑놈! 그 녀석들에게는 감옥 같은 건 아무 것도 아니거든. 아무런 할 일도 없이 갖다 주는 밥 먹고 얌전하게 앉아 있기만 하면 된단 말이야. 만약에 내가 임금님이라면 그런 말도둑을 다루는 방법을 잘 알고 있으니, 그 녀석들 버릇을 고쳐 놓을 텐데. 지금 감옥에서는 똑같은 패들이 한데 뭉쳐 살면서 어떻게 하면 도둑질을 보다 더 잘할 수 있는지 서로 가르쳐 주는 거지. 우리 할아버지가 그렇게 말씀하셨어. 배트루하는 정말 좋은 청년이었는데 꼭 한 번 감옥에 가더니 완전히 악당이 되어 나와서 처치 곤란이 되었다는 거야. 그때부터 도둑질을 시작했다는 거야……

붕카 : 그럼 왜 감옥에 넣지?

쇼무카 : 저것 보게, 저런 말을 하고 있으니…….

아크슈토카 : 갖다가 바치는 밥을 먹으면서 할 일 없이 살도록 해 주기 위해서지 뭐!

쇼무카 : 도둑질이 늘도록 공부시키기 위해서지 뭐!

아크슈토카 : 그래서 아이들과 여편네는 굶어 죽으란 말이지? 그렇지만 이웃 간에 불쌍하지 않니? 정말 어떻게 하면 좋다지? 빵을 얻으러 오면 안 줄 수도 없지!

붕카 : 그럼 왜 감옥 따위에 넣지?

쇼무카 : 그럼 어떻게 하면 좋단 말이니?

붕카 : 뭐, 어떻게 하면 좋으냐구? 그야 뭐 어떻게…….

쇼무카 : 그것 봐. 어떻게 하면 될 게 아니냐고 말하면서도 자기 자신도 어떻게 하면 좋을지 모르잖아. 너보다 훨씬 어진 사람들이 아무리 생각해도 생각해 내지 못했단다.

파라슈카 : 나는 이렇게 생각하는데, 만약에 내가 여왕님이라면…….

아크슈토카 : (웃는다) 저런, 여왕님이시라. 도대체 어떻게 하실 작정이시지?

파라슈카 : 그야 한 사람의 도둑도 없고 아이들도 울지 않도록 해 보일 수 있지만…….

아크슈토카 : 그렇게 하자면 도대체 어떻게 하신다는 거지?

파라슈카 : 모든 사람에게 필요한 것을 주고, 아무도 남을 해롭게 하지 않도록 하고 전부가 좋도록 해 주는 것이지.

쇼무카 : 훌륭하신데, 여왕님! 그러나 도대체 어떻게 해서 그렇게 할 거지?

파라슈카 : 그저 그렇게 할 뿐이야.

미치카 : 이봐, 저 무성한 자작나무 숲을 걸어 보는 게 어때? 일전에 거기서 여자아이들이 버섯을 많이 땄단 말이야.

쇼무카 : 그래, 그게 좋겠군. 모두들 가 보자. 이봐, 여왕님, 버섯을 떨어뜨리지 않도록 조심해야 돼.

일동 일어서서 저편으로 간다.

노상인

그것은 가족과 더불어 방정하고 경건한 생활을 하던 늙은 상인이 어느 날, 동료인 부유한 상인과 함께 마카리에로 여행을 떠난 데서 시작된 이야기였다.

두 상인은 한 여인숙에 머물면서 같이 잠자리에 들었다. 다음 날 일어나 본즉, 동료인 상인이 살해당하고 소지품을 도난당했다.

피 묻은 칼이 늙은 상인의 베개 밑에서 나왔다. 그는 재판 결과 태형을 선고받고 콧구멍을 찢긴 다음—카라타에프는 '법률에 정한 대로'라고 말했다—징역을 살게 되었다.

"그런데 말이오, 동지들. 그로부터 10년 이상이나 지났단 말이오. 노인은 징역살이를 하면서 규칙을 지켰고, 나쁜 일이라곤 조금도 하지 않고 오직 하느님께 천국에 가게 해 달라고 빌고 있었지. 알겠는가? 그런데 마치 지금 우리가 이렇게 하는 것처럼 어느 날밤 죄수들이 함께 모여 앉았단 말이야. 그 중에는 노인도 섞여 있었지. 그러자 누구는 무엇 때문에 이 고생을 하는 것인가, 또 아무개는 하느님에 대해서 어떠한 죄를 범했는가, 하는 이야기가 시작되었지. 그래서 모두가 이야기를 꺼내기 시작했단 말이오. 어떤 자는 사람을 한 명 죽였다고 말했고, 또 어떤 자는 두 사람 죽였다고 말했는가 하면, 또 어떤 자는 방화를 했다고 했으며, 어떤 사람은 다만 탈주했을 뿐이지 다른 죄는 없다고 말했소.

그런데 노인은 무슨 죄를 지었냐는 질문에, '나는 말이오. 여러분 자신의 죄와 남의 죄 때문에 고생을 하는 것이오. 나는 사람을 죽인 일도 없으며, 남의 물건을 훔친 일도 없소. 다만 가난한 형제들에게 재물을 나누어 준 것뿐이오. 나는 말이오, 상인이오. 그리고 막대한 재산을 가지고 있었소.'

노인은 자초지종을 전부 이야기했소. 즉 모든 것을 사실 그대로 순서를 따라 여러 사람에게 이야기를 했단 말이오. '나는 내 자신에 대해선 별로 걱정하지 않소. 나는 결국 하느님께서 부르셨노라고 생각하고 있소. 다만 할멈과 자식들이 불쌍해서……'라고 말하며 노인은 울음을 터뜨렸소. 그런데 말이오, 마침 그 죄수들 가운데 진범이 있었다고 생각해 보시오. 그 사나이가, '할아버지, 그건 어디에서 있었던 사건이요? 언제, 어느 날이요?' 하며 꼬치꼬치 캐물었소. 듣고 나니 사나이는 마음이 괴로워서 견딜 수가 없었소. 그래서 이렇게 노인 곁으로 다가앉았더니 갑자기 발 아래로 고개를 숙였소. '할아버지, 당신은 나 때문에 일생을 망쳤어요. 정말입니다. 여러분들도 들어주시오. 이 노인은 죄도 없는데 나의 죄로 고생하는 것이오. 그 사건은 내가 저지른 것이오. 칼도 당신이 잠들고 있는 사이에 베개 밑에다 넣어 두었소. 용서해 주시오, 할아버지.'라고 말하지 않았겠소."

카라타에프는 기쁘다는 듯이 미소를 짓고 모닥불을 바라보면서 입을 다물었다. 그리고 불타고 있는 화목을 고쳐 놓았다.

"그런데 말이오, 노인은, '하느님이 자네를 용서하실 것이네. 우리는 전부 하느님 앞에 나가면 죄인이거든. 나는 내 자신의 죄로 말미암아 고생하는 걸세.'라고 말하면서 자기도 따라 울기 시작했단 말이오. 이 일에 대해 동지들은 어떻게 생각하오?"

카라타에프는 더욱더 명랑한 표정을 짓고, 감격의 미소를 띠면서 이렇게 말했다. 그것은 자기가 이제부터 말하려는 것에, 이 이야기의 중요한 미(美)와 의의가 포함되어 있는 것 같았다.

"모두들 어떻게 생각하시오? 이 살인자가 당국에 자수를 했단 말이오. '저는 여섯 사람을 죽였습니다(대단한 악당이었지). 그렇지만 가장 가엾은 것은 저 노인입니다. 저 노인이 나를 원망하지 않도록 선처해 주십시오.' 이렇게 자수를 하고 나섰단 말이오. 당국에서는

이 자수를 기록으로 작성하여 규칙대로 서류를 정부에 보냈지. 그러나 워낙 거리가 멀고, 또 재판이다, 취조다 하여 갖가지 서류가 여러 관청에서 작성되는 데에는 상당한 시간이 걸렸지. 그러나 결국 사건은 폐하에게 송치되었소. 그럭저럭하는 동안에 상인을 방면하고 배상금을 지불해 주라는 폐하의 명령이 내렸단 말이오. 이 명령서가 도착되자 모두들 노인을 찾기 시작했소. '무실한 죄로 고생하는 할아버지는 어디에 있소? 황제로부터 서류가 왔소이다.' 이렇게 말하며 노인을 찾았소."

카라타에프의 아래턱이 갑자기 떨렸다.

"그러나 하느님은 이미 용서하셨어. 노인은 죽어 있었단 말이오. 대체로 이렇게 된 것이지."

카라타에프는 이야기를 끝맺었다. 그리고 무언의 미소를 짓고 오랫동안 앞을 응시했다.

폭 력

잡초는 베어서는 안 된다

초원에 잡초가 무성했다. 그래서 이를 제거하기 위해, 초원의 관리들은 그것을 베었으나 잡초는 도리어 더 무성할 뿐이었다.

거기에 마침 선량하고 어진 주인이 초원의 관리인들을 찾아와 여러 가지 주의를 주며 말했다.

"잡초는 베면 안 된다. 베면 더욱 번성할 뿐이다. 이것은 뿌리째 뽑지 않으면 안 된다."

그런데 초원의 관리인들이 훌륭한 주인의 수많은 명령 중에서

'잡초는 베면 안 된다, 뿌리째 뽑지 않으면 안 된다'는 명령을 주의해서 듣지 않은 것인지, 그렇지 않으면 그 의미를 이해하지 못했던 것인지 혹은 그들에게 어떠한 생각이 있어서 그 이행을 원치 않았던 것인지는 알 수 없으나, 어쨌든 사람들은 여전히 잡초를 베고는 그것을 번식시켰던 것이다. '잡초는 베면 안 된다. 뿌리째 뽑으라'는 명령은 없었던 것처럼 실행되지 않았다.

그 후에도 관리인에게 선량하고 어진 주인의 명령을 상기하게 하는 사람들도 있었지만, 그들은 귀담아듣지 않고 여전히 종전대로 행동을 계속했으므로, 얼핏 외부에서 볼 때에는 잡초를 베는 일은 마치 관습이라기보다도 신성한 전통에 의해 행해지는 것 같았으며, 초원은 더욱더 잡초로 꽉 차게 되었다.

그리하여 마침내 초원에는 오직 잡초밖에는 볼 수 없게 되었으므로, 사람들은 이것을 한탄하여 선후책으로 갖가지 방법을 강구했다.

그러나 다만 훨씬 이전부터 선량하고 어진 주인에게서 가르침을 받은 한 가지 방법만은 이용하지 않았던 것이다.

그런데 최근에 와서 한 사나이가 초원의 이 참담한 현상을 보고는 주인의 명령, 즉 잡초는 베지 말고 뿌리째 뽑으라는 명령을 상기했다.

그리하여 초원의 관리인들을 향해 그들의 방법이 잘못되었다는 사실, 그리고 그 잘못은 이미 오래전에 선량하고 어진 주인에 의해서 지적되었었다는 사실을 상기하게 했다.

그런데 그 결과는 어떠했던가?

초원의 관리인들은 그 사람의 주의가 올바른가 어떤가를 고려해서, 그것이 올바른 경우에는 즉시 잡초 베기를 중지할 것이고, 만약에 옳지 않을 경우에는 그의 주의가 옳지 않다는 사실을 그에게 증명한다든가 혹은 선량하고 어진 주인의 명령을 근거 없는 것, 자기들로서는 의무적인 것이 아니라는 사실을 인정하든가 해야 마땅했다.

그런데도 그 어느 쪽도 하지 않고 다만 그 사람의 충고에 화를 내며 그 사람을 욕했다.

어떤 자는 그를 지목하여 그는, 주인의 명령을 이해하는 것은 자기 한 사람뿐이라고 잘난 체하는 어리석은 과대망상광이라고 욕했다.

또 다른 자들은 그를 간사한 위선자, 비방자라고 욕했다.

또 제3자들은 그가 자기의 생각을 말한 것이 아니고 다만 일동이 존경하고 있었던 어진 주인의 명령을 상기하게 한 것에 불과하다는 사실을 잊고, 그를 가리켜 잡초를 무성하게 하여 남의 초원을 망쳐놓게 하는 악당이라고 욕했다.

"저 사나이는 잡초는 베어서는 안 된다고 말한다. 그러나 그 말을 듣고 만약에 우리가 잡초를 제거하지 않는다면……."

그들은 그 사람이 잡초를 제거해서는 안 된다고 말한 것이 아니고, 베면 안 된다, 뿌리째 뽑지 않으면 안 된다고 말한 사실을 일부러 모르는 척하면서 이렇게 말했다.

"그야말로 잡초투성이가 되어 우리의 초원은 못 쓰게 되고 말겠지. 만약에 우리가 자기 초원에서 잡초를 키우지 않으면 안 된다고 한다면, 무엇 때문에 초원이 우리에게 부여되었단 말인가."

그리하여 그 사나이는 미친 사람이라느니, 거짓말쟁이라느니, 사람에게 해를 끼치는 사람이라느니 하는 의견이 크게 득세하여 마침내는 모든 사람들로 하여금 전부가 그를 욕하고 조소하게끔 만들어 버렸다.

"나는 잡초를 무성하게 하려고 생각하기는커녕, 반대로 잡초를 제거하는 일이야말로 땅을 가진 자의 가장 요긴한 일의 하나라고 생각한다. 이것은 저 선량하고, 어진 주인이 생각하고 있는 것과 똑같은 것으로 나는 다만 그 말을 사람들에게 상기하게 한 것에 불과하다."

그리고 그 사람이 아무리 변명해도 사람들은 그의 말에 귀를 기울이려고 하지 않았다. 왜냐하면 이 사람에 관한 의견은 이미 절대적으로 결정되어 있었기 때문이었다.

즉 이 사람을 어리석은 과대망상광이나, 선량하고 어진 주인의 말을 비뚤어지게 해석하는 자가 아니면, 사람들로 하여금 잡초를 제거하게 하지 않고 오히려 그것을 보호하고, 부활하게 하는 자라고 인정했던 것이다.

이와 똑같은 일이 나에게도 일어났다. 내가 폭력으로서 악에 항거하지 마라는 복음서의 교의(敎義)가 명하는 바를 지적했을 때의 일이었다.

이 계율은 그리스도 및 그의 사후 모든 시대에 걸쳐 그의 모든 참된 제자들에 의해서 선전된 것이다.

그런데 그들이 이 계율을 인정하지 않았기 때문인지, 그렇지 않으면 그들이 이것을 이해하지 못했기 때문인지 혹은 이 계율의 실행이 그들로서는 너무나 곤란하다고 생각되었던 탓인지, 어쨌든 시간이 경과됨에 따라 이 계율은 더욱더 많이 잊혀지고, 사람들의 생활 태도는 더욱더 이 계율에서 멀어져 마침내는 오늘날의 상태에 이르게 되었다.

즉 사람들의 귀에 이 계율이 무엇인가 새로운, 들어 본 일조차 없는 이상한 그리고 미친 사람의 말같이 들릴 정도의 상태에까지 도달한 것이다.

그리하여 선량하고 어진 주인의, 잡초는 베어서는 안 된다, 뿌리째 뽑아야 한다고 하는 오래된 주의에 관해 사람들을 깨우쳐 준 그 사람에게 일어난 일과 똑같은 일이 나에게도 일어난 것이다.

초원의 관리인들이, 그 사람의 충언은 나쁜 일을 근절시키지 마라는 것이 아니고, 현명한 방법으로 근절시키라고 한 것인데도 거기에는 일부러 귀를 기울이지 않고, 이 사나이가 하는 말을 들어서는 안 된다, 이 사나이는 미치광이다, 이 사나이는 나쁜 풀을 베지 마라, 그것을 번식하게 하라고 말하고 있다고 관리인들은 주장하고 있다.

이와 마찬가지로 그리스도의 가르침에 의해서 악을 근절시키기 위해서는 폭력으로 악에 대항하지 않도록 하지 않으면 안 된다. 사람으로 하여금 악을 뿌리째 뽑도록 하지 않으면 안 된다는 내 말에 대해서도 사람들은 이렇게 말했다.

"저 사나이가 하는 말을 듣지 마라. 그는 미치광이다. 그는 우리가 악에 정복당하도록 하고자 악에 대항하지 말라고 가르치는 것이다."

나는 그리스도의 가르침에 따라 이렇게 말했다.

"악은 악으로 근절할 수 없다. 폭력으로써 악에 대항한다는 것은 악을 더하게 할 뿐이다. 그리스도의 가르침에 의하면 악은 선에 의해서만 근절되는 것이다."

"그대들은 저주하는 자를 축복하고, 그대들을 증오하는 자에게 선을 행하고, 그대들의 적을 사랑하라. 그렇게 하면 그대들의 적은 근절될 것이다."

나는 그리스도의 가르침에 따라 다음과 같이 말했던 것이다.

"사람의 생활은 전부가 악과의 투쟁이다. 이성과 사랑으로써 악에 항거하는 일이다. 악에 대항하는 모든 방법 중에서 그리스도가 금하는 것은 오직 하나, 악에 대해서 악으로 투쟁하는 것, 즉 폭력으로써 악에 대항하는 불합리한 방법을 금한다."

그런데 나의 이 말은 내가 그리스도는 악에 항거해서는 안 된다고 가르치고 있다고 말한 것처럼 곡해된 것이다.

그리하여 자신들의 생활이 폭력의 기초 위에 세워져 있는 모든 사람들, 그로 말미암아 폭력을 높이 평가하는 사람들은 나의 말에 대한 이러한 곡해를 적극적으로 받아들이고, 동시에 그리스도의 말씀까지도 그렇게 해석한다.

그리하여 악에 항거하지 마라는 교훈은 애매한, 어리석은, 믿지 못할, 해독(害毒)이 있는 교훈으로 인정되고 말았다. 사람들은 태연히 악의 폐절(廢絶)이라는 형식하에서 그 제조를 계속하고 있는 것이다.

무저항주의

악(惡)에 대한 무저항이란 그 의미하는 바에 있어 다음과 같은 것이다.

즉 이성적 존재가 상호 작용하는 방법은 강제—이성을 가지지 않은 저급한 유기체(有機體)에만 허용될 수 있는—가 아니고, 이성적인 설득이 아니면 안 된다는 사실, 강제 대신에 이성적인 설득으로 해야 하며 인류의 행복에 봉사하기를 원하는 자는 모두가 노력하지 않으면 안 된다는 사실, 이것이다.

이전 세기에는 1,400만의 사람들이 살육되었고, 현재에 있어서도 아무에게도 필요치 않은 전쟁 때문에 수백만 명의 노력과 생명이 소비되고 있다는 사실, 모든 토지가 거기에서 일하지 않는 자들의 수중에 있다는 사실, 사람들의 노동으로 생산된 것 모두가 노동하지 않는 자에 의해서 소비된다는 사실, 세계를 지배하는 기만(欺瞞)이 존재하는 것은 일부 사람들에게 악으로 보이는 것을 탄압하기 위해 폭행이 허용되기 때문이라는 사실. 이러한 사실이 있는 까닭에 강제를 대신해 설득으로 노력하지 않으면 안 된다는 사실은 더욱 명료하다고 생각된다.

이것을 가능하게 하려면 무엇보다도 먼저 강제권을 부정하지 않으면 안 된다.

그런데 놀랍게도 우리 사회의 가장 진보적인 사람들이, 강제권을 부정하고 설득으로 그것을 대신하는 것은 위험하다고 생각하고 있다.

이 부류의 사람들은 어린애를 살해하지 않도록 강도를 설득한다는 것은 불가능하다고 결정하고서 토지와 자기의 노동의 과실(果實)을 노동하지 않는 사람들로부터 빼앗지 않도록 노동자를 설득하는 것도 가능한 일이라고 생각하지 않고, 따라서 노동자에 대해서 강제권을 행사하는 것이 필요하다고 생각하는 것이다.

이러한 까닭에 이것을 말한다는 것이 아무리 슬픈 일이라 할지라도 악에 대한 무저항주의의 의미를 왜 이해하지 못하는가에 대한 유일한 설명은 다음과 같이 귀결된다.

즉 인간 생활의 상태가 대단히 변질되어 있고 무저항주의를 판단하는 사람들이 그것을 실생활에 적용하고 '강제' 대신 '설득'으로써 한다면, 사회 조직의 기능 및 그들이 향유하는 생활상의 편의가 완전히 파괴된다고 생각하기 때문이다.

그러나 아무런 변화도 두려워할 필요는 없다. 왜냐하면 무저항주의는 강제주의가 아니고 합의와 사랑이 위주이며, 따라서 사람들에게 강제적으로 의무를 부담시키는 것은 아니기 때문이다. '폭행' 대신에 '설득'을 하는 무저항주의는 자유로이 채용할 수 있다.

그리고 그것이 사람들에 의해서 자유로이 채용되어 실생활에 적용되는 정도에 따라서, 즉 사람들이 강제를 거부하고 이성적인 설득 위에 자신의 태도를 결정하는 정도에 따라서 인류 생활에 있어서의 진정한 진보도 이룩되는 것이다.

이러한 까닭에 사람들이 이것을 원하거나 원하지 않거나 관계없이 다만 이 주의 때문에, 그들은 노예화와 상호 학대로부터의 해방이 가능하다.

사람들이 이것을 원하거나 원하지 않거나와 관계없이 이 주의는 사람들의 생활에 있어서 이루어진, 또 이루어져야 할 모든 '진정한 완성'의 근저에 가로놓여 있다.

도덕

1. 둔도(鈍刀)와 이도(利刀)

지금도 기억하고 있지만 어느 때인가 내가 모스크바 거리를 거닐고 있었는데 저쪽에서 한 사나이가 나타났다.

그는 보도의 돌을 세심하게 조사하고 있었다. 이윽고 돌 하나를 골라내자 그는 거기에 웅크리고 앉아, 대단한 긴장과 노력으로 그것을 깎는지 가는지는 몰라도 그러한 작업을 시작했다(나는 그렇게 생각되었던 것이다).

"도대체 이 보도의 돌을 어떻게 하자는 것일까?"

나는 중얼거렸다.

그러나 내가 그 곁으로 접근했을 때 그 사나이가 무엇을 하고 있는지 알 수 있었다. 그자는 푸줏간의 젊은 점원으로 식칼을 보도의 돌로 갈고 있는 중이었다.

그가 보도를 조사하고 있을 때 돌에 관해서는 조금도 생각하지 않고 있었으며, 또 식칼을 갈고 있을 때에는 더구나 돌에 대해서 생각하지 않았다. 그는 다만 식칼의 날을 세우기만 하면 족했던 것이다.

그는 고기를 자르기 위해서 식칼의 날을 세우는 것이 필요했다. 그런데도 내 눈에는 그가 보도의 돌을 어떻게라도 하는 것처럼 생각되었다.

이와 마찬가지로 인류는 상업이나 전쟁이나 과학이나 예술과 같은 일들에 종사하고 있지만, 이것은 다만 그렇게 보일 뿐이며 인류에게 있어서 중요한 것은 오직 하나의 사실밖에 없다.

인류는 오직 그 한 가지 일만 행하고 있다. 그것은 다름이 아니라 자기 자신이 살아가야 할 도덕적 법칙을 천명하는 것이다.

도덕적 법칙은 이미 존재한다. 인류는 다만 그것을 천명하고 있는 것에 불과하다.

이 '천명'의 사업이 시시하고 두드러지지 않는 일처럼 생각되는 것은 도덕적 법칙을 필요로 하지 않는 사람들이나 도덕적 법칙에 따라서 살기를 원하지 않는 사람들뿐이다.

그러나 이 도덕적 법칙의 천명만이 전 인류에 있어서 중요한—중요하다기보다는 오히려 유일한—사업이다.

이 천명의 사업이 눈에 두드러지지 않는 것은 둔도(鈍刀)와 이도(利刀)의 차이가 두드러지지 않는 것과 같다.

칼은 어느 것이나 다 같다. 따라서 아무것도 자를 필요가 없는 인간에게는 둔도와 이도의 차이는 두드러지지 않는다.

그러나 인생의 전부가 칼이 무딘가 날카로운가에 따라서 좌우된다는 것을 깨달은 사람에게는 칼을 간다는 것은 중대한 일이다. 그는 이 칼을 간다는 일이 끝이 없다는 사실을 알고 있어서 칼이란 것은 항상 날카로움을 유지하고, 잘라야 할 것을 자를 때에만 비로소 진정한 칼이라는 것을 알고 있다.

2. 도덕의 기초

가령 불가능한 일이 일어났다고 가성하여 수천 년 후 사회적 진보에 의하여 전 인류가 하나로 결합되고, 모두 한 국민 한 국가를 형성하는 그런 때에 이르러서도 여러 국가, 여러 국민 사이에서 행해지지 않게 된 투쟁은 인류와 동물의 투쟁으로 옮겨져 투쟁은 여전히 투쟁으로 남게 될 것이다. 즉, 우리에 의해서 인정되는 그리스도교 도덕의 기능을 근저로부터 배척하는 활동으로 남을 것이다.

그러나 그 사실은 말하지 않기로 하고 그때 가서조차 집단을 형성하는 개인 상호 간 및 여러 가족, 여러 민족, 여러 국가 등 집단 상호 간의 투쟁은 조금도 감소되지 않고 같은 정도로 행해질 것이다.

다만 우리가 가족·민족·국가 등 사람들이 결합된 모든 것에서 볼 수 있는 것처럼 그 형식이 다를 뿐이리라. 가족 상호 간에 있어서도 외부의 사람과 마찬가지로 서로 말싸움을 하고 투쟁을 하며, 한결 더 심하고 심술궂은 일도 종종 있다.

국가 내부에 있어서도 마찬가지이다. 즉, 한 국가 내에 살고 있는 사람들 사이에는, 국외에 살고 있는 사람들과의 사이에 있어서와 똑같은 투쟁이 계속되고 있다. 다만 형식의 차이가 있을 뿐이다. 국외의 경우에는 활과 칼로 죽지만, 국내의 경우에는 기아에 의해서 죽는다는 차이가 있을 뿐이다.

만약 가족이나 국가에 있어서 약한 자가 구원된다고 한다면 그 것은 결코 국가적인 결합 때문은 아니다. 그것은 가족 및 국가로 결합된 사람들 사이에 자기희생과 사랑이 있기 때문에 일어나는 것이다.

만약 가정을 가지지 못한 두 아이 가운데 한 아이만 생존하고, 어진 어머니가 있는 가정의 두 아이 가운데 두 아이가 모두 생존했다고 한다면, 그것은 가족으로써 사람들이 결합되어 있다는 사실에서 일어나는 것은 결코 아니다.

그것은 어머니에게 사랑과 자기희생이 있기 때문에 일어나는 것이다. 그리고 자기희생과 사랑이 사회적 진보에서 유래되는 것도 결코 아니다.

사회적 진보가 도덕을 낳는다고 단정하는 것은 난로의 구조가 열기를 발생한다고 말하는 것과 같다.

열기는 태양에서 생긴다. 난로는 연료를 넣었을 때만 열기를 발생하는 것이다. 그와 마찬가지로 도덕은 종교에서 태어난다.

특수한 형식의 사회생활이 도덕을 낳는 것은, 그 생활 형식 속에 종교적인 영향의 결과―도덕―가 수용될 때이다.

난로는 불을 피우면 열기를 주지만 불을 피우지 않으면 싸늘한 그대로이다. 그와 마찬가지로 사회적 형식이 도덕을 받아들이면 사회에 도덕적인 작용을 할 것이고, 도덕을 받아들이지 않는다면 사회에 아무런 작용도 하지 않을 것이다.

그리스도교 도덕은 이교적 인생관 위에 기초를 둘 수는 없다. 또 철학이나 비그리스도교적 과학에서 끌어낼 수도 없다. 단순히 끌어낼 수 없을 뿐만 아니라, 그들과 일치시킬 수도 없다.

성실하고 정연하고 엄정한 철학 및 과학은 항상 이를 이해했다.

"만약에 우리의 결정이 도덕과 일치하지 않는다면 도덕을 인정하지 마라."

이렇게 철학 및 과학은 말하고 있고 자기의 연구를 계속하고 있다. 종교에 기초를 두지 않는 윤리 논문 또는 실천 윤리 문답에조차 쓰이고 또 가르쳐지고 있다.

그래서 사람들은 그것들에 의해서 인류가 지도되고 있는 것으로 생각할는지도 모른다. 그러나 그것은 그렇게 생각될 뿐이다.

왜냐하면 사람들은 실제에 있어서 이들 논문이나 윤리 문답에 의해서 지도되는 것은 아니며, 그들이 항상 가지고 있었던, 지금도 가지고 있는 종교에 의해서 지도되고 있기 때문이다. 논문이나 문답은 종교에서 자연적으로 우러나오는 것의 위조에 불과하다.

종교에 기초를 두지 않은 도덕적 명령은 음악의 문외한인 사랑이 지휘자의 위치에 서서, 익숙한 연주를 하는 악사들 앞에서 손을 흔들기 시작하는 사람의 동작과 흡사하다.

음악은 타성에 의해서 또 악사들이 이전의 지휘자에게서 배운 바에 따라 잠시 동안은 계속될 것이다. 그러나 음악을 알지 못하는 사나이의 지휘 동작은 무익할 뿐만 아니라, 시간이 경과됨에 따라서 반드시 연주자들을 당황하게 만들고, 오케스트라를 혼란에 빠트릴 것은 명백한 사실이다.

그와 똑같은 혼란은 사회 지도자들이 최고 종교—그것은 그리스도교에 의해서 체득되기 시작했으며 일부는 이미 체득이 되었다.—에 기초를 두지 않은 도덕을 사람들에게 가르치려고 시도한 결과 현대인의 마음속에 일어나기 시작하고 있다.

미신이 혼합되지 않은 도덕상의 가르침을 가진다는 것은 참으로 바람직한 일이다. 그러나 중요한 것은 도덕의 가르침은 우주 내지 신에 대해서 설정된 인간의 어떠한 관계에서 파생되는 결과에 불과하다는 사실이다.

만약 이러한 관계 설정이 우리에게 있어서 미신으로 보이는 한 형식으로 나타나 있다면 그러한 일이 없도록 이 관계를 합리적으로 명백하게, 또한 정확하게 표현하도록 노력하지 않으면 안 된다.

혹은 종래의 우주에 대한 인간의 관계(이제는 불충분한 것으로 되었다)를 파악하고, 그것에 대신하여 한결 명백한, 그리고 더욱 합리적인 관계를 만들도록 노력하지 않으면 안 된다.

그러나 어떠한 경우에 있어서도 궤변 위에 기초를 두는, 혹은 다른 어떠한 것에도 기초를 두지 않는 이른바 세간의 비종교적인 도덕을 생각해 내는 것이어서는 안 되는 것이다.

도덕을 종교와 무관한 것으로 하려는 시도는 마치 어린이들이, 좋아하는 화초를 옮겨 심으려고 할 때 마음에 들지 않는 쓸모없는 것으로 생각되는 뿌리를 잘라 버리고 뿌리 없는 화초를 땅에 심는 것과 마찬가지이다.

종교의 기초 없이는 진정한, 위선이 아닌 도덕은 있을 수 없다. 그것은 마치 뿌리 없이는 진정한 식물이 있을 수 없는 것과 같다.

교 육

1. 무서운 훈육

나는 일찍부터 다음과 같은 이야기를 쓰고자 마음먹고 있었다.
어떤 부인이 친구에게 모욕을 당했으므로 복수하려고 마음먹었다. 그녀는 상대방의 아이를 유괴하여 요술사에게 데리고 갔다. 그리고 유괴한 아이에게 어떻게 하면 가장 심술궂은 복수를 할 수 있는지 가르쳐 달라고 부탁했다.
요술사는 유괴한 여인에게 자기가 지시하는 장소로 아이를 데리고 가, 거기에다 버리도록 일러 주면서 그 복수가 가장 무서운 것이라고 말했다.

심술궂은 여인은 그 말을 따랐다.

그리고 아이가 어떻게 되는가를 감시하고 있었는데 놀랍게도 자식이 없는 어느 부자에게 발견되어 아이는 그 집의 양자가 되었다.

그녀는 요술사에게 가서 그를 책망했으나 요술사는 기다려 보라고 말했다. 아이는 사치스럽고 유약한 생활 속에서 성장했다. 심술궂은 여인은 의아심을 가졌지만 요술사는 기다리라고 말했다.

이윽고 심술궂은 여인이 만족을 느끼고 자신의 행동을 유감스럽다고 생각할 때가 왔다.

아이는 유약하고 방자(放恣)한 생활 속에서 성인이 되었지만 사람이 좋은 탓으로 가산이 기울게 된다. 여기에서 갖가지 육체적 고통·빈곤·굴욕이 시작된다. 그는 그러한 것들에 대해 특히 감수성이 예민했을 뿐, 그러한 것들과 투쟁할 능력이 없었다.

도덕적 생활을 지향하는 노력─사치와 유타(遊惰)가 타성이 된 유약한 육체의 무력함, 소용없는 투쟁, 점차적인 타락, 스스로 자기 자신을 잊기 위한 이취(泥醉), 범죄, 발광, 자살.

실제로 현대에 있어서 일부 어린이의 훈육은 공포를 느끼지 않고는 보고 있을 수 없는 것이 있다.

오직 가장 심술궂은 원수만이, 양친 특히 어머니에 의해서 부식(扶植)되는 나태와 악덕을 저렇게 노력해서 부식할 수 있는 것이다. 이것을 보노라면 공포에 사로잡히게 된다. 양친에 의하여 애써 나

쁘게 만들어지는, 이들 아이 중의 최상자(最上者)의 정신에 일어나는 일을 볼 수 있다면 그 결과는 더욱 무섭다.

나약한 습관이 부식되는 것은 아직 어린아이가 그 도덕적 의미를 이해하지 않을 때이다.

절욕(節慾) 및 자제(自制)의 습관이 절멸되었을 뿐만 아니라 스파르타 등 고대의 훈육에서 행해진 일과는 반대로 이 능력이 완전히 위축당하고 만다.

인간은 노동―모든 생산적인 노동―에, 집중된 주의의 모든 조건에, 긴장에, 지구(持久)에, 일에 대한 열중에, 손상된 것을 고치고자 하는 마음씨에, 피로할 때까지 일을 계속하는 습관에, 완성의 기쁨에 익숙해지지 못했을 뿐만 아니라 유타에, 노동의 모든 제작에 대한 경멸에 익숙해지고, 자포자기가 되고, 깊이 생각함 없이 생각나는 대로 모든 것을 돈으로 사고자 하는 일에 익숙해지고 있다.

인간은 다른 모든 것을 취득하기 위해 필요한 순서상 첫째가는 선덕(善德)을 취득하는 능력, 즉 현명(賢明)을 빼앗기고 세상에 태어났으나 거기에서는 정의와 사람들에 대한 봉사와 사랑을 주장하고 마치 그것들을 높은 선덕으로 평가하는 것 같다.

만약 젊은이의 성질이 도덕적으로 허약하고, 민감하지 않고, 위장된 선생활(善生活)과 진정한 선생활의 차이를 느끼지 않고, 인생에서 군림하는 악에 만족하고 있다면 좋다.

만약 그러하다면 모든 것이 마침 알맞게 되고, 이러한 인간은 자각하지 못한 도덕적 감정을 가지고 때로는 생을 끝낼 때까지 평안히 생활한다.

그러나 언제나 그렇지는 못하다. 이러한 생활의 부도덕성의 의식이 공중에서 움직이고, 무의식중에 가슴으로 떨어져 오는 만년에 있어서 특히 그러하다.

여러 번 점점 도수가 잦게, 진정한 허위가 아닌 도덕의 욕구가 눈뜨게 되면 내면적인 괴로운 투쟁과 고뇌가 시작되고, 때로는 도덕적 감정의 승리로써 종말을 고한다.

인간은 자신의 생활이 나쁘다는 사실, 그리고 그것을 처음부터 완전히 바꾸지 않으면 안 된다는 사실을 느끼고 그것을 하려고 시도한다.

그러나 여기에서 투쟁을 거쳐 그것을 극복하지 못한 사람들이 자신의 생활을 바꾸려고 시도하는 인간에게 모든 방면에서 덤벼들어 그것은 전연 불필요하다는 것, 절욕 및 자제는 선인(善人)이 되기 위해서는 불필요하다는 것, 미의(美衣)·미식(美食)·육체적인 유타, 게다가 음욕까지 탐닉하여도 완전히 훌륭하고 유익한 인간이 될 수 있다는 사실을 모든 수단을 동원하여 그에게 주입하려고 노력한다.

그리하여 투쟁은 대부분 가련한 양상으로 종말을 고한다.

자기의 약점으로 고민하는 인간은 세간의 소리에 굴복한다. 그리고 자신을 변호하기 위해 양심의 소리를 누르고 자기의 지혜를 만곡(灣曲)시켜 종전대로의 방자한 생활을 계속하고, 외면적 그리스도교 신앙 내지 과학, 예술에 대한 봉사에 의하여 그것을 속죄하면 된다고 자신을 설득하거나 혹은 싸우고 고뇌하며 발광하기도 하고 심지어는 자살까지 한다.

자신을 둘러싼 수많은 유혹 속에서 현대인이 모든 이성적인 사람들에게 '가나다'식의 진리가 있고 천 년 전에도 있었다는 사실, 즉 선생활(善生活)을 달성하기 위해서는 무엇보다도 먼저 악생활(惡生活)의 영위를 그만두지 않으면 안 된다는 것, 무언가 극히 높은 선덕(善德)을 달성하기 위해서는 우선 첫째로, 이교도의 정의(定義)에 따르면 절욕 내지 자제의 선덕, 그리스도교의 정의에 따른다면 자기(自棄)의 선덕을 취득하지 않으면 안 된다는 사실을 이해하여, 자신을 억제하는 노력에 의해서 조금씩 그 선덕을 달성하는 경우는 드물다.

2. 유일한 교육법

교육이 복잡하고 곤란한 일로 생각되는 것은 다만 그들이 자기 자신을 교육하지 않고, 아이라든가 그 밖의 사람을 교육하려고 할 때뿐이다.

만약 타인을 교육하는 것이 오직 자기를 통해서만 할 수 있다는 것을 깨닫는다면, 교육에 관한 문제는 스스로 소멸되고 단순히 생의 문제, 즉 자기 스스로가 어떻게 살 것인가 하는 문제만이 남는 것이다.

왜냐하면 아이 교육의 어떠한 행위도 자기 교육 안에 포함되지 않는 것은 없기 때문이다.

어떠한 의복을 입히고, 어떠한 음식을 주고, 어떻게 잠들게 하고, 어떻게 가르칠 것인가? 그러한 것은 자기 자신에 대해서 하는 것과 같게 하면 되는 것이다.

만약 부모가 정도에 적합하게 의식(衣食)하고 수면을 취하고 노동하고 배운다면 아이도 똑같이 할 것이다.

교육을 위해서 나는 두 개의 법칙을 두고자 한다.

단순히 자기 자신이 올바르게 살 뿐만 아니라 끊임없이 자기를 노력의 대상으로 하여 그 완성에 애쓰고 자기 생활 속의 어떠한 것도 아이에 대해서 은폐하지 않는다는 것이다.

오히려 아이로 하여금 부모의 약점이 어디에 있는지 알게 하는 것이 좋다. 결코 부모는 아이들에게 숨겨진 생활과 위장된 생활의 양면이 있다는 사실을 느끼게 해서는 안 된다.

교육의 곤란함은 부모가 자신의 결함을 바로잡는 데 애쓰지 않을 뿐만 아니라 이것을 결함으로도 생각지 않고, 자기 나름대로의 이유를 붙여서 아이 속에서도 또한 이 결함에는 눈을 감으려고 하는 데서 생긴다. 모든 곤란은 여기에 있으며 아이에 대한 투쟁도 또한 여기에 있다.

아이는 도덕으로는 어른보다 훨씬 총명하여 이를 말로 하지 않고, 또 스스로는 의식하지 않으면서도 단순히 부모의 갖가지 결함뿐만 아니라 그 결함 속의 최악자(最惡者)인 위선을 보는 것이다. 이 결과로 아이들은 부모에 대한 두려움과 존경심을 잃고 그 교훈에 대해서 흥미를 갖지 않게 된다.

부모의 위선은 아이를 교육하는 데 가장 보편적인 현상이다. 아이는 민감한 까닭에 즉시 이것을 발견하고, 얼굴을 돌려 외면하게 되고 타락한다.

정직은 정신적 감화가 효과를 거두기 위한 가장 중요한 조건이다. 따라서 교육의 첫 번째 요건이 된다. 그리고 아이에게 자기 생활의 사실을 보여 주는 것이 두렵지 않기 위해서는 나의 생활을 선(善)한 것, 적어도 나쁘지 않은 것으로 하지 않으면 안 된다.

요컨대 이들 타인의 교육은 자기 교육 속에 포함되는 것으로 그 이외에 아무것도 필요로 하지 않는다.

아이에게는 여러 가지 좋은 점이 있지만 그 중에서도 특히 어린아이는 다른 생각은 없이 다만 어떻게 하면 선량한 생활을 할 수 있을 것인가, 그것만을 생각한다. 그러므로 어린아이를 교육하지 않으면 안 되는 것이다.

그런데 우리는 서둘러서 일에 익숙해지려고 한다. 즉 신과 자기의 양심 앞에 있어서의 영원한 일 대신에 유희와 마찬가지로 인간이 의논하여 자기 마음대로 정한 것을 아이로 하여금 강요한다.

만약 나에게 양자(兩者) 중 택일하게 한다면, 즉 내가 상상할 수 있는 한도 내의 성현으로 지상을 가득 차게 하고 아이를 없게 하는 것과, 또 현재와 같은 인간은 그대로 두고 끊임없이 신에게서 오는 새로운 인간의 존재를 허용하는 것 둘 중의 하나를 선택하라고 한다면 나는 후자를 택하리라.

자기의 모든 결함을 보기 위하여 교육에 종사할 가치가 있다.

결함을 보면 이를 바로잡게 된다. 자기를 바로잡는다는 것은 자기 및 타인의 자녀 그리고 성인까지도 교육하기 위한 최선의 방법이다.

방금 N씨 서면을 읽었는데 그 가운데 의료가 그에게는 좋은 일로 생각되지 않는다는 것, 몇 백 년 동안이나 많은 공허한 생활이 계속된다는 것은 타인의 마음속에 신의 사랑의 번쩍임을 불러일으키는—가령 그것이 아무리 약하더라도—것과 같지 못하다고 쓰여 있다.

이 사실이야말로 교육에 대한 모든 기술이 존재한다. 그러나 타인의 마음속에 이것을 불러일으키기 위해서는 먼저 자기 마음속에 불러일으키지 않으면 안 된다.

훌륭하게 교육하자면 피교육자 앞에서 훌륭하게 살지 않으면 안 된다. 그러므로 성교(性交)의 문제에 있어서도 가능한 한 순결하고 정직하지 않으면 안 된다.

만약 성교를 죄악이라고 생각하고 동정(童貞)의 생활을 한다면 청소년들에게도 이를 설유(說諭)함이 마땅하며 또 설유하지 않으면 안 된다.

만약 동정이 되고자 했으나 그것을 달성할 수가 없었다면 청소년들에게도 그렇게 말하지 않으면 안 된다.

만약 부정한 생활을 하면서 이를 그치지 못하고 또 그치려고 원하지도 않을 때에는 자연히 청소년들에게 이를 은폐하고, 그들에게 이를 말하지 않게 된다. 세상 사람들은 모두들 그렇게 하고 있다.

교육은 생활의 결과이다.

보통 생각으로는 어느 시대의 사람은 그 시대의 인간이 일반적으로 어떠한 것이 아니면 안 된다는 것을 알고 있다. 그러므로 청소년을 이와 같은 상태에 적응하도록 교육할 수 있다고 말한다.

그러나 이것은 완전히 잘못이다. 우선 첫째로, 인간은 사람이 어떠한 자가 아니면 안 되는가를 알지 못한다. 최선의 경우에 있어서도 그는 다만 그것을 향해 나아가는데 적당한 이상을 알 수 있을 뿐이다. 둘째로, 교육자 자신이 결코 완성된 인간이 아니며, 교육을 마친 인간도 아니며, 그가 죽은 사람이 아닌 바에야 항상 동요하고 있고 교육되고 있는 것이다.

그러므로 교육의 요체(要諦)는 스스로 훌륭하게 산다는 것, 즉 자신이 자신을 교육한다는 데에 귀착한다. 오직 이 방법에 의해서만 사람은 타인을 감화하고 교육할 수 있다. 특히 그들이 그것과 결부되어 있는 아이에 대해서는 더욱 그러하다.

아이에 대해서 정직하고 자기의 마음속에 일어난 일은 은폐하지 않는 것, 이것이 유일한 교육법이다. 교육학이라고 칭하는 것은 스스로 나쁜 생활을 하면서 어떻게 하면 아이에게 좋은 감화를 미칠 수 있을까를 연구하는 학문이다. 그것은 마치 우리의 의술이 자연의 법칙에 반대되는 생활을 하면서도 건강할 방법을 구하는 것과 같다.

이러한 것은 오직 교활하고 무의미한 학문일 뿐, 결코 그 목적을 달성할 수 없다.

4장

연애와 결혼

신의 뜻에 의한다면 좋은 것은 오직 청정한 생활을 한다는 것, 자신의 능력에 응하여 신을 위하여 일한다는 것, 즉 사람들을 사랑하고, 그 영혼을 사랑하고, 사람들 중에서도 제일 먼저 가장 가까운 존재인 자기의 아내를 사랑하고, 그녀를 도와 진리를 획득하게 하고, 그녀를 스스로 향락의 도구로써 그 섭취의 능력을 흐리게 하는 그러한 일을 하지 않는 것, 즉 증기로써 일하도록, 증기가 안전판에서 빠져나가지 않도록 전력을 나하는 것뿐이다.

연애와 결혼

1. 첫사랑과 비슷한 그 무엇

류보치카는 무엇인지 모를 나무의 열매를 따는 시늉을 하는 동안에 무심코 커다란 배추벌레가 붙어 있는 나뭇잎 하나를 땄다.

그녀는 정말로 무서운 듯이 그것을 땅바닥에 집어던지고, 두 손을 치켜들면서 뒤로 물러섰다. 그 모양은 마치 그 속에서 무엇인가 튀어나오지나 않을까 하여 겁을 내고 있는 것과 같았다.

유희는 중단되었다. 우리는 모두 한곳에 머리를 모으고 땅에 웅크리고 앉아 그 신기한 벌레를 바라보기 시작했다.

나는 카첸카의 어깨 너머로 들여다보았다. 카첸카는 벌레가 기어가는 방향에 나뭇잎을 깔아 나뭇잎과 함께 벌레를 치켜들려고 애쓰고 있었다.

나는 이러한 생각이 들었다. 대부분의 여자는 옷깃이 벌어져 옷이 흘러내리면 그것을 원래의 위치로 고치기 위하여 어깨를 치켜올리는 버릇이 있다. 미미는 항상 이러한 동작을 싫어하여 "그것은 하녀들이 하는 짓이에요."라고 말한 것도 기억하고 있다.

벌레 위로 몸을 구부리면서 카첸카는 그와 똑같은 동작을 했다. 마침 그때 바람이 불어와 흰 목에 감은 조그마한 어깨걸이를 치켜올렸다.

그 동작을 했을 때 그녀의 어깨는 내 입술에서 손가락 둘 정도의 거리밖에 안 됐다. 나는 이미 벌레를 보지 않고 카첸카의 어깨를 응시하고 있었다. 갑자기 나는 있는 힘을 다하여 그녀의 어깨에 입 맞추었다.

그녀는 돌아보지 않았으나 목덜미에서 귀 밑에 걸쳐 새빨갛게 된 것이 훤히 드러나 보였다. 보로쟈는 머리도 들지 않은 채 경멸하듯이 이렇게 말했다.

"참으로 다정하기도 하군!"

내 눈에는 눈물이 핑 돌았다.

나는 카첸카에게 눈을 떼지 않았다. 나는 훨씬 이전부터 그 맑고 속눈썹이 고운 얼굴에 익숙해졌고, 언제나 좋게 생각하고 있었지만 이제는 훨씬 더 깊은 관심을 가지고 그 얼굴을 들여다보았다. 그리하여 이전보다 그녀가 더욱 좋아졌다.

우리가 어른들이 있는 곳으로 돌아왔을 때, 아버지는 어머니의 간절한 소망에 의해서 출발을 내일로 연기했다고 말씀하셨다. 그것은 우리에게 있어서 무엇보다도 커다란 기쁨이었다.

우리는 마차와 함께 귀갓길에 올랐다. 보로쟈와 나는 서로 승마술과 용기를 시샘하면서 마차 곁을 거드럭거리며 말을 달렸다. 나의 그림자는 전보다도 길게 비쳤다. 그것으로 판단했을 때 나는 상당히 우아하고 아름다운, 기수(騎手)다운 몸매를 하고 있는 것으로 상상되었다.

그러나 내가 경험한, 뽐내는 감정은 이내 다음과 같은 사정으로 인해 하나의 꿈이 되고 말았다.

나는 마차에 타고 있는 사람들을 완전히 매혹시켜 버릴 심산으로 일부러 말을 좀 늦춘 다음, 채찍과 발의 도움을 받아 아주 자연스럽고 우미(優美)한 몸매로 카첸카가 타고 있는 마차의 옆을 화살처럼 달려 나가리라고 마음먹었다.

다만 잠자코 달려 나갈 것인가, 그렇지 않으면 소리를 외치면서 달릴 것인가, 어느 편이 좋을지 망설였다.

그런데 밉살스러운 말은 마차를 끄는 말과 머리를 나란히 한순간, 나의 모든 노력에도 불구하고 갑자기 멈추어 버렸기 때문에 나는 안장에서 말 목덜미로 엎어져 자칫 잘못했더라면 땅바닥에 팽개

쳐질 뻔했다.

2. 눈보라 속에 얽힌 사랑

　모질고 사나운 풍설(風雪)은 열차의 바퀴 사이와 정거장의 구석구석으로부터 기둥 둘레까지 휘몰아치며 울부짖었다.
　열차, 기둥, 사람, 눈에 보이는 모든 것은 한쪽에서 불어오는 눈바람으로 시시각각으로 깊게 덮여 보이지 않게 되었다.
　바람은 이따금 잠잠해지기도 했다. 그러나 다음 순간, 그야말로 마주 설 수 없을 만큼 무서운 기세로 불어닥쳤다. 그러나 그러한 사이에도 사람들은 즐거운 듯 대화를 나누면서, 정거장 널빤지를 삐걱삐걱 밟으며, 쉴 새 없이 커다란 문을 열었다가 닫았다가 하면서 바쁘게 돌아다니고 있었다.
　꾸부정한 그림자가 그녀(안나)의 발밑에 미끄러지듯이 지나갔다. 그 순간 쇠망치 소리가 들려왔다.
　"전보를 주게나!"
　성난 듯한 목소리가 저쪽 폭풍우의 어둠 속에서 들려왔다.
　"어서 이쪽으로, 28호요!"
　연거푸 여러 소리가 울려 왔으며, 하얀 눈을 뒤집어 쓴 사람들이 빠른 걸음으로 지나갔다. 담배를 입에 문 두 신사가 그녀의 곁을 지나갔다.

안나는 심호흡을 내쉬었다. 그리고 기둥을 잡고 열차 안으로 들어가려고 머프(토시의 일종) 속에서 손을 꺼낼 찰나, 군인 외투를 입은 한 사나이가 그녀의 바로 곁에서 흔들거리는 램프의 불빛을 가로막고 서 있었다.

안나는 그쪽을 무심결에 돌아보았다. 그 순간 안나는 우론스키의 얼굴을 발견했다. 그는 모자 차양에 손을 대고 그녀 앞에서 허리를 약간 굽히면서, 도와 드릴 일이 없느냐고 물었다.

안나는 한참 동안 아무 대답도 하지 않고 눈을 깜박이며, 그의 얼굴을 바라보기만 했다. 그의 그림자 속에 서 있었음에도 불구하고, 그의 얼굴과 눈의 표정을 살폈다. 아니, 그녀는 살핀 것으로 생각했다. 그것은 또다시 그토록 강렬하게 그녀에게 작용했던 점잖은 황혼의 표정이기도 했다.

요즘 며칠 동안, 한 번만이 아니라 자신은 어디서나 언제든지 만날 수 있는 그러한 젊은이 중의 한 사람에 불과하다고 생각하는 것은 어른답지 못한 일이라는 생각이 들었다.

그런데 지금 이렇게 그와 만나고 보니 그 해후의 첫 순간에 갑자기 그녀를 사로잡는 것은 기쁨에 넘친 자랑스러운 감정이었다.

안나는 그가 어떻게 이런 곳에 와 있는가를 물을 필요는 없었다. 그녀는 마치 그가 그녀를 향하여, 그 이유는 오직 그녀가 있는 곳에 있고 싶었기 때문에 온 것이라고 말한 것이나 다름없이 정확하게 그것을 알고 있었던 까닭이다.

"저는 당신께서 타고 계셨으리라고는 생각지 못했어요. 왜 돌아가시는 거지요?"

안나는 기둥을 잡으려고 했던 손을 내리면서 말했다. 감출 수 없는 기쁨과 순식간에 되살아난 생기가 그녀의 얼굴에 감돌고 있었다.

"왜 돌아가느냐구요?"

그는 그녀의 눈을 빤히 들여다보면서 되물었다.

"제가 당신이 있는 곳에 있고 싶은 마음 때문에 왔다는 것을 아실 텐데요? 저로서도 어쩔 수가 없었습니다."

그가 말했다.

마침 이때, 바람은 장해물을 모조리 정복이라도 하려는 것처럼 열차의 지붕으로부터 눈을 날려 보내고 양철 조각을 날려 버렸다.

앞쪽에서는 기관차의 굵은 기적 소리가 우는 것처럼 음울한 음조로 울부짖기 시작했다.

모진 풍설은 그녀의 눈에 비장함을 더해 주는 것만 같았다. 그는 안나가 마음속으로 바라면서도 이성으로는 두려워하고 있었던 사실을 말한 것이다.

그녀는 한마디도 하지 않았지만, 그는 그 표정에서 그녀의 마음을 간파했다.

"제가 드린 말씀에 만약 기분이 상하셨다면 용서하세요."

그는 솔직하게 말했다. 그는 정중하고 공손한 어조로 말했지만,

그녀가 한참 동안 대답을 할 수 없을 정도로 확고하고 끈기 있는 태도로 말했다.

"그건…… 당신의 말씀은 옳지 못해요. 제발 부탁입니다. 만약 당신께서 사리를 판단하실 줄 아는 분이시라면 지금 그 말씀은 잊어 주세요. 저도 잊어버릴 테니까요."

안나는 마침내 입을 열었다.

"그대의 말씀, 그대의 동작은 한 말씀이라도 어느 하나라도 나는 영원히 잊지 못할 것입니다. 잊을 수 없습니다."

"그만 하세요, 이제 그만 하세요."

안나는 그가 뚫어지도록 응시하고 있는 자기 얼굴에 엄숙한 표정을 지으려고 애쓰면서 말했다.

그리고 차가운 기둥에 매달리다시피 하여 층계에 한 발을 올려놓으며 재빨리 차 입구로 들어갔다. 그러나 그 좁다란 입구에서 그녀는 방금 일어났던 일을 자기의 머릿속에서 되새기면서 멈추어 섰다.

안나는 자기가 한 말, 그리고 그가 한 말을 별로 심각하게 생각하지 않았지만, 그녀는 그 감정에 의해서 이 일 분도 안 되는 짧은 시간의 대화가 두 사람의 사이를 무서우리만큼 가까이 하게 했다는 사실을 깨달았다.

3. 보석

페투시코프 : 알겠어, 잘 알겠네. 그게 진정한 연애야. 그런데 그때부터 어떻게 했나?

페쟈 : 그래서 말이야. 만약에 이런 감정이 우리와 같은 계급의 처녀들에게 나타났다면야, 그러한 처녀가 애인을 위해서 모든 것을 희생했다고 한다면 대단치도 않은 일이지. 그런데 이것은 마음도 육체도 이해관계와 욕심만으로 교육된 집시의 여인이면서 이렇게도 순진하고 헌신적인 사랑을 보였단 말일세. 모든 것을 다 주면서도 자신은 아무것도 요구하지 않았으니 말이야! 특히 그 대조가 멋있어.

페투시코프 : 그러하네. 그것을 우리 화자는 색채의 효과라고 말하고 있네. 주위가 녹색일 때에 비로소 빨간색이 밝게 보이는 법이라네. 뭐 그렇지만 그런 건 문제가 아닐세. 아니야, 알겠네. 잘 알고 있어…….

페쟈 : 게다가 내가 그녀의 사랑을 이용하지 않았다는 것은 영원히 내 마음속에 남는 하나의 착한 행위라고 생각하네. 왜 그런지 알겠는가?

페투시코프 : 연민이겠지.

페쟈 : 아니야, 그렇지 않아. 나는 그녀에 대해서 연민 같은 것은

가지고 있지 않았어. 그녀 앞에 나서면 언제나 환희가 있을 뿐이었어. 특히 그녀가 노래를 부를 때는. 아아, 얼마나 훌륭한 노래였던가! 지금도 역시 그녀는 노래를 부르고 있을 거야. 게다가 언제나 나는 그녀를 지켜보고 있었단 말일세. 내가 그녀를 망치지 않은 것은 단순히 그녀를 사랑했기 때문이었어. 그것에 불과한 거야. 나는 진정으로 그녀를 사랑했어. 이건 지금도 아름답고도 아름다운 추억일세.

페투시코프 : 응, 알겠어, 잘 알겠네. 이상적일세.

페쟈 : 내가 자네에게 고백하겠네만, 실은 나도 전에 상당히 여자에게 열중한 적이 있었어. 지난날, 한 번 여인을 사랑했지. 그녀는 훌륭한 귀부인이었고 아름다운 여인이었어. 그래서 나는 마치 개처럼 추악하게 반했단 말일세. 결국 그녀는 내게 밀회를 약속했지. 그러나 아무래도 그것은 그녀의 남편에게 비열하다는 생각이 들었기 때문에 나는 그 기회를 피해 버렸지.

그런데 오늘까지도 이상한 것은 그 일을 생각할 때면 나는, 그러한 결백한 행동을 취했으니까 내 스스로가 자랑하며 기뻐할 일인데 실제는 마치 죄라도 범한 것 같은 회한이 느껴지지 않겠는가?

그러나 이 마샤의 일은 정반대야. 나는 아무리 시간이 지나도 이 감정을 어떠한 것을 가지고서도 더럽히지 않았다는 것이 기뻐서 못 견디겠단 말일세. 설령 내가 더욱더 타락하여, 침몰의 극에 달하고, 내가 입고 있는 옷을 전부 팔아 버리고, 내 온몸이 이투성이가 된다 할지라도 이 보석은, 아냐, 보석이 아니야. 언제나 내 마음속에 있는 태양의 광명이지. 나와 함께 있는 것이야!

페투시코프 : 알았네, 알고 있어. 그런데 그 여인은 지금 어디에 있는가?

페쟈 : 모르네, 또 알려고도 생각지 않네. 이것은 전부가 별세계의 일일세. 그러니까 나는 이 세상의 일과 혼동하고 싶지 않다는 말일세.

4. 전제와 결론

우리 사회에서는 육욕(肉慾)을 토대로 하는 남녀 간의 연애가 인간 노력의 가장 고상한 시적(詩的) 목적으로서 입에 오르내리고 있다.

그것은 우리 사회에 있어서 모든 예술이나 시가(詩歌)가 증명하는 바이다.

그래서 젊은 사람들은 생애의 귀중한 시기를 연애 관계, 또는 결혼에 대한 최상의 상대를 물색하기도 하고 탐구하기도 하고 영유하기도 하는 일에 낭비하며, 또 부인과 처녀는 남자를 유혹하여 연애 관계, 또는 결혼으로 끌어들이는 일에 소비하고 있다.

이로 말미암아 사람들의 귀중한 정력은 단순히 비생산적일 뿐만 아니라, 오히려 유해한 일에 낭비되고 있다. 우리 사회에 있어서 무서운 부분은 이로부터 발생한 것이다.

따라서 남자는 방종을 일삼고, 여자는 육욕을 충동질하는 것을 직업으로 하는 음란한 부인들의 유행을 흉내내고 자신의 육체 일부분을 노출하는 풍습을 수치로 생각하지 않는 것이다.

나는 이것도 좋지 않은 일이라고 생각한다. 이것이 좋지 않은 일이라는 이유는 다름이 아니라, 기혼자나 미혼자나 사랑의 대상으로서 결합할 것을 바라는 것은 설령 그것이 아무리 시화(詩化)되었다 할지라도 인간이 노력할 가치가 없는 목적이기 때문이다.

그것은 마치 맛있는 음식을 풍부하게 획득하는 일이 많은 사람에게는 최상의 행복인 것처럼 생각되지만, 인간이 노력할 가치가 없는 목적과 같은 일이다.

그런데 이 전제로부터 끌어낼 수 있는 결론은 이러하다.

육체적 연애가 무엇인가 특별히 고상한 것이라고 생각되는 것을 멈추고, 인간으로서 가치 있는 목적은 인류에 대한 봉사라 할지라도(신에 대한 것은 물론이다) 모두가 우리 인간으로서 가치 있는 목적이라고 간주하고 있는 것은 그것이 어떠한 것이든 또 결혼에 의한 것이거나 아니거나 상관없이 연애의 대상과의 결합에 의해서 달성되는 것은 하나도 없다. 우리는 그것을 깨닫지 않으면 안 된다.

그런데 그러기는커녕 오히려 연애를 한다든가, 그 연인과 결합된다든가 하는 것은 시나 산문이 아무리 반대의 사실을 증명하려고 노력해도 결코 가치 있는 목적의 관철을 도와주지 않을 뿐만 아니라 항상 그것을 방해하는 것이다.

5. 타산에 의한 결합

만약 보다 유쾌한 생활을 하기 위해 아내를 맞는다면 그것은 결코 성공하지 못할 것이다.

결혼, 즉 사랑하는 사람과의 결합을 다른 어떠한 것과도 바꿀 수 있는 자기의 중요한 목적으로 한다는 것은 커다란 잘못이다.

그것은 조금만 생각한다면 바로 알 수 있는 잘못이다. 결혼이 목적이라니? 그러면 결혼했다 치고 그 뒤에는 어떻게 되는가?

만약 결혼할 때까지 달리 인생의 목적이 없었다고 한다면 그 후 두 사람이 결합되고 나서 그것을 발견한다는 것은 매우 곤란한 것이다. 아니, 거의 불가능하리라.

만약 결혼 전에 공통된 목적이 없었다고 한다면 그 후에는 결코 일치되는 일은 없으리라. 언제나 따로따로 되어 버릴 것이라고 말해도 과언은 아니다.

결혼은 오직 서로 간의 목적이 하나일 때, 즉 사람이 길에서 만나, "자, 함께 가 보십시다."라고 말할 때, 서로가 손을 맞잡고 갈 때에야 비로소 행복이 찾아오는 것이지 서로 마음을 끌어당긴 두 사람이 길에서 벗어날 때는 아니다.

이러한 사실은 모두가, 인생은 탄식의 골짜기라고 말하는 많은 사람들이 가지고 있는 관념도 대다수의 사람이 가지고 있으며, 청춘과 건강과 재물 등 여러분을 그쪽으로 기울어지게 하는 인생은 쾌락의 장소라고 하는 관념도 모두 허위이기 때문이다.

인생은 봉사의 장소이다. 봉사를 하는 데 있어서 사람들은 때때로 많은 곤란을 참지 않으면 안 된다. 그러나 대단히 많은 기쁨을 경험하는 경우는 더 많다.

오직 진정한 기쁨은 사람들이 자기의 생활을 '봉사'라고 스스로 이해했을 때, 즉 자기 이외에, 자신의 개인적 행복 이외에 확고한 인생의 목적을 가졌을 때 비로소 느낄 수 있는 것이다.

보통 결혼한 사람들은 이 사실을 완전히 잊고 있다. 결혼 후에는 아이의 출생 등 너무나 많은 기쁜 사건이 눈앞에 있으므로 일견 이러한 사실들이 생활 그 자체를 형성하는 것같이 생각된다.

그러나 이것은 위험한 속임수이다. 만약 부모가 인생에 있어서 목적 없이 생활하며 아이를 낳게 된다면, 그것은 인생의 목적이라는 문제와 무엇 때문에 살고 있는지 알지 못하고 살아가는 사람들이 받아야 할 벌을 앞날로 연기시키고 있는 데에 불과하다.

그렇다. 그들은 다만 그것을 앞날로 연기해 가고 있을 뿐이며, 피할 수는 없다. 왜냐하면 그들은 아이들을 교육하고 지도하지 않으면 안 되는데 지도할 것이 아무것도 없기 때문이다. 그리하여 부모는 인간적 특성과 그것에 부수되는 행복을 잃고, 번식용 가축으로 되고 마는 것이다.

그래서 나는 이렇게 말한다.

"결혼하려고 하는 사람들은 그들의 생활이 그들에게 충분한 것으로 생각되는 만큼 지금까지보다도 한층 더 많이 그들 각자가 무엇 때문에 살고 있는가를 생각하여 밝히지 않으면 안 된다."

그런데 그것을 자신에게 밝히기 위해서는 그대가 생활하는 바의 조건 및 과거에 관하여 충분히 고려하고, 이 인생에 있어서 일체의 것, 중시하는 것, 경시하는 것을 평가하여, 그대의 신앙의 대상은 무엇인가? 즉 무엇을 끊임없이 의심할 수 없는 진리라고 생각하고 있는가? 이 인생에서 무엇에 의해 지도되려고 하고 있는가를 생각하지 않으면 안 된다.

그리하여 그것을 알고서 밝힐 뿐만 아니라, 실제로 경험하고 자신의 생활 속으로 끌어들이지 않으면 안 된다. 왜냐하면 믿고 있는 일을 실행하지 않는 동안은 자기 자신으로서도 믿고 있는 것인지 믿지 않고 있는 것인지 분명하지 않기 때문이다.

나는 그대의 신념을 알고 있다. 지금이야말로 신앙 내지 사실에 나타난, 그 여러 가지 양상을 이제까지보다도 더욱 명확하게 자신

앞에 밝혀서 그것을 실현하지 않으면 안 된다.

그 신앙은 행복이란 사람을 사랑하고 사랑을 받는다는 사실 속에 있다고 하는 신념이다.

이 신념을 실현하기 위하여 나는 세 가지 행동을 알고 있다. 그래서 나는 끊임없이 이것을 연마하고 있으나 이 일에 있어서는 결코 충분하다는 말을 할 수가 없다. 그리고 그것은 지금 그대에게는 특히 필요한 일인 것이다.

첫째로, 사람을 사랑하거나 사랑을 받게 되면 그들로부터 요구되는 바를 가능한 한 적게 하도록 자신을 가르치는 것이다. 왜냐하면 만약 내가 많은 것을 요구받는다면 내게는 잃는 것이 많이 생길 것이며, 잃는 것이 많이 생기면 나는 사랑하는 것보다도 비난하는 쪽으로 기울어질 것이기 때문이다.

둘째로, 사람을 말로만이 아닌 실질적으로 사랑하려면 사람에게 유익한 일을 해 주도록 자신을 가르치지 않으면 안 된다. 거기에는 더욱 많은 일이 있다. 특히 그대의 연령, 즉 사물을 배우기에 적당한 연령에 있는 사람들에게 있어서…….

셋째로, 사람을 사랑하고 사랑을 받으려면 온순함을 배우고 겸손함을 배우고, 불쾌한 인물이나 사건을 참고 견디는 기술을 배우지 않으면 안 된다.

상대방에게 불쾌감을 주지 않도록 사람을 대하는 기술, 만약 어떤 사람을 모욕하지 않고는 견딜 수 없는 경우에도 그 모욕을 가능한 한 적게 하는 기술을 배우지 않으면 안 된다.

거기에는 더욱더 많은 일, 일어나서 잠자리에 들 때까지 끊임없는 일이 있다. 그러나 그것은 가장 유쾌한 일이다. 왜냐하면 그대는 나날이 그 성공을 기뻐할 일이 많아질 뿐만 아니라 처음 얼마 동안은 생각이 미치지 못하나, 매우 유쾌한 대가를 사람들의 사랑으로써 받게 될 것이기 때문이다.

결코 사랑에 의해서가 아니고 반드시 타산에 의해서 결혼해야만 한다.

다만, 이 말을 보통 해석되고 있는 것과는 반대로 이해해, 즉 관능적인 사랑에 의하지 않고 타산에 의해서, 그것도 어디에서 어떻게 생활할 것인가 하는 타산이 아니고 인간으로서의 생활을 하는 데 있어서 미래의 아내가 어느 정도 자신을 도와주고, 방해를 하지 않을 것인가를 타산하여 결혼하는 것이 마땅하다.

특히 결혼에 관해서는 스무 번이고, 백 번이고 생각하는 것이 좋다. 성적 결합에 의해서 자신의 생활을 타인의 그것과 결부시킨다는 것은, 도덕적으로 민감한 사람에게 있어서만이 할 수 있는 가장 중대한 결과를 배태(胚胎)하는 행위이다.

사람은 항상 죽음에 임할 때처럼, 즉 달리 아무런 방법이 없을 때에만 결혼함이 마땅하다.

사후에는 중대성에 의해서, 생전에는 시간에 의해서 결혼 이상으로 중대하고 돌이킬 수 없는 것은 없다. 그리고 죽음이 그 필연적인 경우에만 선(善)이고, 일체의 고의의 죽음은 악(惡)인 것과 마찬가지로 결혼도 또한 그러하다.

결혼 문제는 성질상 간단히 생각할 수 있을 정도로 단순한 것은 아니다. 연애는 한 방향으로의 퇴전(退轉)이지만 냉철한 타산은 다른 방향으로의 훨씬 나쁜 퇴전이다.

그대의 말과 같이 최초의 처녀에게 그대의 마음을 돌려야 마땅하다. 즉 자신의 행복을 위한 선택은 허용되지 않는다. 이렇게 된다면 외적 현상을 지도하는 우연과 운명에 따라서 자신의 선택을 자신을 선택하는 자에게 맡기지 않으면 안 되게 된다.

감정도 혼란되지만 이론은 훨씬 더 당황하게 한다. 그런데 이것은 인생에 있어서 가장 커다란 문제이다.

결론적으로 말하자면 인생 만사가 그렇듯이, 아니 다른 일보다도 훨씬 많이 결혼이라는 목적을 자신에게 배정할 것이 아니라 오직 영원한 목적—잘 산다고 하는 목적—을 자신에게 배정하여 인내하고 기다리는 것이 마땅하다.

그렇게 하면 시기가 도래하여 주위의 사정이 결혼하지 않을 수 없도록 할 것이다. 그렇게 할 때에는 잘못되는 일도 적고 죄를 범하는 일도 적을 것이다.

6. 남매와 같이

나는 결혼은 다음과 같은 것이 아니면 안 된다고 생각한다.

두 사람은 극복하기 어려운 연애의 압박 하에서 육체적으로 결합된다. 아이가 태어난다. 그러면 남편은 그녀를 위하여 아이의 성장이나 수유(授乳)를 방해하게 될 모든 것을 피하고 일체의 육체적 유혹을 물리치고 그것을 불러일으키는 그러한 일을 하지 말고 남매와 같이 생활한다.

그렇게 하지 않으면 먼저 타락한 남편이 그 방탕한 태도를 아내에게 옮겨, 같은 색정(色情)을 그녀에게 감염시켜 그녀로 하여금 동시에 연인이며, 피로에 지친 어머니이며, 병들고 초조한, 히스테릭한 인간으로서의 부담을 짊어지게 한다.

그리하여 남편은 연인으로서는 그녀를 사랑하지만, 어머니로서의 그녀를 무시하고, 자신이 야기 시킨 그녀의 불안과 히스테리에 대해서는 그녀를 증오한다.

나는 현대의 모든 가정에 대부분 잠재되어 있는 모든 고통에 대한 열쇠는 이 사실 속에 있는 것으로 생각한다.

나는 또 남편과 아내가 남매처럼 생활하는 모습을 다음과 같이 상상한다.

아내는 조용히 아이를 임신하여 어떠한 것에도 방해됨이 없이 양육하고, 동시에 도덕적으로 키우며, 다만 자유로운 기간만 그들 부부는 새로이 몇 주간씩 계속되는 연애 상태로 들어가고 다시 또 평정함을 되찾는다.

나는 연애를, 만약에 안전판이 움직이지 않는다면 기관차를 폭발시키는 증기의 충일(充溢)과 같은 것으로 상상한다.

안전판은 다만 이 강력한 충일의 경우에는 열리지만 평소에는 닫혀 있다. 힘껏 닫고 있다. 그리고 우리는 그를 의식하여 가능한 한 단단하게 그것을 닫고, 그 위에 쉽게 그것이 열리지 않도록 무거운 것으로 눌러 놓지 않으면 안 된다.

나는 사실 이런 의미로 "이것을 받아들일 수 있는 것은 받아들이는 것이 마땅하다."는 말을 이해한다.

즉 사람은 모두 결혼하지 않도록 노력하지 않으면 안 된다. 설령 결혼한다 하더라도 아내와는 남매처럼 생활하지 않으면 안 된다는 의미이다.

증기는 집적되면 판(瓣)이 열린다. 그러나 우리는 성교를 정당한 향락으로 보는 경우에 해야지 스스로 그것을 열어서는 안 된다.

그것이 정당한 경우란 우리가 그것을 제어하지 못할 때뿐이다.

그러면 우리가 제어하지 못할 경우에는 어떻게 하면 좋은가?

이러한 질문은 도대체 얼마나 있을까? 그리고 얼마나 해결이 어려운 것처럼 생각될 것인가?

그러나 동시에 그것을 타인을 위하여 타인에 의해서가 아니고,

자기를 위하여 자신에 의해서 해결할 경우에는 얼마나 단순하게 생각될 것인가?

타인을 위해서는 다만 일정한 정도를 알고 있을 뿐이다. 노인이 창녀와 성교에 탐닉한다는 것은 무섭고 불결한 일이다.

젊은이가 창녀와 성교에 탐닉한다면 불결한 정도가 적다. 노인이 아내와 육체관계를 맺는다는 것은 약간 불결한 일이다. 그러나 젊은이가 창녀와 노는 것보다는 낫다. 젊은이가 아내와 성적 교섭을 가진다. 이것은 불결한 정도는 적지만, 불결한 것임에는 틀림없다.

이러한 정도가 타인을 위해서는 존재한다. 그리고 우리는 모두가, 특히 청정무구한 어린이들이나 젊은 사람들은 그것을 잘 알고 있다.

그러나 자기 자신을 위해서는 또 다른 정도가 있다. 청정무구한 청춘 남녀에게는(간혹 그릇된 견해에 의해서 매우 흐려져 있기는 하지만) 각각 자신의 순결을 존중하지 않으면 안 된다고 하는 의식과 그것을 지키려고 하는 소원과 어떠한 조건이라 할지라도 그것을 잃게 되는 데 대한 비애와 수치가 있다.

그 후에 있어서도 언제나 그것은 나쁜 일이고 수치스러운 일이라고 항상 똑똑히 말하는 양심의 소리가 있다. 이것은 모두가 의식과 이해에 기초를 두는 것이다.

세간에서는 사랑을 향락하는 것을 대단히 좋은 일인 것처럼 생각한다. 그것은 마치 안전판을 열고 안의 증기를 발산시키는 것은 좋은 일이라고 생각하는 것과 같다.

그러나 신의 뜻에 의한다면 좋은 것은 오직 청정한 생활을 한다는 것, 자신의 능력에 응하여 신을 위하여 일한다는 것, 즉 사람들을 사랑하고, 그 영혼을 사랑하고, 사람들 중에서도 제일 먼저 가장 가까운 존재인 자기의 아내를 사랑하고, 그녀를 도와 진리를 획득하게 하고, 그녀를 스스로 향락의 도구로써 그 섭취의 능력을 흐리게 하는 그러한 일을 하지 않는 것, 즉 증기로써 일하도록, 증기가 안전판에서 빠져나가지 않도록 전력을 다하는 것뿐이다.

"그러나 그렇게 하면 인류가 멸망하고 말 것이다."

사람들은 말한다.

그러나 우리가 아무리 엄격하게 성적 결합을 가지지 않도록 애쓴다고 하더라도 안전판이 필요한 기간은 그것이 열릴 것인즉, 아이가 태어날 것임에는 틀림이 없다.

첫째, 무엇 때문에 거짓말을 할 것인가? 성적 결합을 지지하면서도 과연 우리는 인종의 지속에 관하여 배려하고 있을까? 우리가 배려하는 것은 자신의 향락에 관한 일뿐이다. 그러면 그렇다고 말하지 않으면 안 된다.

인류는 멸망할 것인가? 동물적 인간은 멸망하리라. 얼마나 불행한 일인가! 태고의 동물은 퇴화했다. 인간적 동물도 반드시 퇴화할 것이다(만약 외부적으로 공간 및 시간 속에서 판단한다면).

멸망하는 자로 하여금 멸망하게 하라. 나는 이 두 다리의 동물을 고대의 어룡(魚龍)과 마찬가지로 각별히 애석하다고는 생각지 않는다. 다만 청정한 생명, 사랑할 수 있는 생물의 사랑만 멸망하지 않는다면…….

그런데 이것은 설사 인류가 사랑을 위하여 육욕의 향락을 부정하는 사람들에 의해서 절멸에 이른다 할지라도 단순히 멸망하지 않을 뿐만 아니라, 오히려 무한대로 증대하여 마침내는 이 사랑을 감득한 모든 생물은 인류의 지속이 그들에게 있어서 불필요하게 생각되기에 이를 것이다.

육체적 사랑은 다만 사람들 속에서 이러한 생물을 만들어 내는 가능성을 멸망시키지 않기 위해서만 필요하며 존재의 의의도 있다.

여성

1. 매춘부와 귀부인

아기를 흔들어 달래고 있는 어느 여인을 보았을 때, 우리는 그 아이를 그녀의 아기라고 생각했다.

당신은 누구냐는 물음에 대해서 그녀는 즉각적으로 남편이 없는 여자라고 말했다. 그녀는 천한 직업의 여인이라고는 말하지 않았다. 다만 방주인인 상인이 이 무서운 말을 사용했던 것이다.

그녀에게 아기가 있다고 하는 상상은 그녀를 이 환경에서 구출할 수 있다는 생각을 갖게 했다. 나는 물었다.

"이 아기는 당신 아기요?"

"아뇨, 저기 있는 저 여자의 아기예요."

"어째서 당신이 아기를 보고 있나요?"

"부탁을 받은 거죠. 저 여자는 다 죽게 되었으니까요."

나의 상상이 틀렸다는 것은 알았지만, 나는 계속해서 같은 어조로 말했다. 나는 그녀가 어떤 사람이며, 또 어찌하여 이러한 환경에 빠졌는가 하고 물었다.

그녀는 기꺼이 솔직하게 자기의 반생에 관한 이야기를 들려주었다.

그녀는 모스크바의 공장 직공의 딸로 태어났으나, 고아가 되었으므로 백모가 맡아서 길렀다. 그리고 백모 밑에서 음식점 접대부로 전전하게 되었다. 그 백모도 이제는 죽고 없다.

"현재의 생활을 바꿀 생각은 없는가?"

내가 이렇게 물었을 때, 나의 질문은 조금도 그녀의 흥미를 끌지 못했던 것으로 보였다.

사실 완전히 불가능한 상상이 흥미를 끌 수는 없는 것이다.

그녀는 냉소를 지으면서 말했다.

"저와 같은 노란색 감찰을 가진 여자를 누가 아내로 맞아 주겠어요!"

"그렇지만 가령 하녀라든가 그러한 취직자리가 발견된다면?"

내가 이렇게 말했다.

내 머리에 이러한 생각이 떠오른 것은 그녀가 선량하고 약간 어리석어 보이는 둥근 얼굴에 애교가 있고 몸이 튼튼한 여자였기 때문이다. 이런 타입의 하녀는 흔히 볼 수 있다.

나의 말은 분명히 그녀 마음에 들지 않았던 모양이다. 그녀는 내가 한 말을 되풀이해서 말했다.

"하녀라뇨? 그렇지만 저는 빵을 굽는 방법도 알지 못하는 걸요!"

그녀는 빵을 구울 줄 모른다고 말했지만, 그 얼굴 표정으로 보아 그녀가 하녀의 위치나 신분을 하등인 것으로 생각하여, 그런 건 하고 싶지 않다고 생각하고 있다는 것을 똑똑히 알 수 있었다.

성경에 기록되어 있는 과부처럼, 자기가 가진 일체의 것을 병든 여인을 위하여 지극히 단순한 방법으로 희생한 여인이 그와 동시에 같은 직업에 종사하는 모든 여자들과 마찬가지로 노동자의 위치를 하등인, 그리고 천한 것으로 믿는 것이다.

그녀는 일하지 않고 산다는 것, 즉 주위에 있는 자들이 자연스러운 것으로 생각하는 현재의 생활 방식을 그대로 배워 온 것이다. 거기에 그녀의 불행이 존재한다. 그로 말미암아 그녀는 현재의 환경에 빠져서 거기에서 빠져나올 수가 없는 것이다. 그것이 그녀로 하여금 현재의 환경에 주저앉게 한 것이다.

그녀의 그릇된 생활관을 바로잡아 줄 사람은 남녀 양성 중 어느 쪽일까?

모든 노동 생활은 빈둥빈둥 놀며 게으른 생활보다 존귀하다는 것을 믿고, 그 확신에 의해서 생활하고, 그 확신에 따라 타인을 평가하고, 또 존경할 만한 그러한 인물이 우리 중에 과연 누가 있을까?

만약 내가 이 사실에 직면했다면 나 자신은 물론, 내 친지의 어느 누구라 할지라도 이 병폐를 구출할 수 없다는 것을 깨달았을 것이다.

어느 날, 순회 중에 나는 한 대학생으로부터 13살 난 자기 딸에게 매춘 행위를 시키는 여인이 있다는 말을 들었다.

나는 그 소녀를 구출하려고 마음먹고 일부러 그곳으로 찾아갔다. 어머니와 딸은 기막힌 가난 속에서 살고 있었다. 어머니는 40살쯤 된 작은 체격에다 피부가 검은 매춘부로서, 단순히 못생겼다는 정도가 아니고 불쾌할 정도로 추한 여자였다. 딸도 역시 마찬가지로 불쾌한 아이였다.

그녀들의 생활에 관한 나의 질문에 어머니는 의심스럽다는 듯이 적의를 품은 어조로 짤막하게 대답했다. 분명히 나를 악의를 가진 적으로 느꼈던 것 같다.

딸은 어머니 쪽으로는 눈길도 돌리지 않고 어떠한 대답도 하지 않았지만, 무조건 모친을 믿고 있는 것만은 분명했다.

그녀들은 내 마음속 깊은 곳에서부터 연민의 정을 불러일으키지 않았다. 오히려 혐오감이 더 강했다.

그렇지만 나는 소녀를 구출하지 않으면 안 되겠다고 결심했다.

그리하여 이 여성들의 불쌍한 환경에 동정하고 있는 귀부인들의 흥미를 환기시켜 그곳으로 오게 하려고 마음먹었다.

그러나 만약 내가, 이 어머니의 긴 과거의 전부를 생각하고, 그녀와 같은 환경에서 타인으로부터 약간의 원조조차도 받지 못하고 괴로운 희생을 지불하면서 이 딸을 낳아 길러낸 일을 상상하고, 이 여인의 머릿속에 형성된 인생관에 생각이 미쳤다면, 나는 그녀의 행위에 대해 아무런 비난할 만한 부도덕한 것이 없다는 사실을 분명히 깨달았을 것이다.

그녀는 딸을 위하여 할 수 있는 일의 전부를, 즉 그녀가 자신을 위하여 좋다고 생각한 일을 했던 것이며, 또 현재도 계속 행하는 것에 불과하다.

이 딸을 무리하게 어머니의 손으로부터 빼앗는 것은 가능하다. 그러나 딸을 파는 것이 좋지 못한 행위라고 어머니를 설득한다는 것은 도저히 불가능한 일이다.

만약 구출한다면 지금보다 훨씬 이전에 이 어머니를 구출하지 않으면 안 되었던 것이다. 즉 여자가 결혼을 하지 않고, 아이도 낳지 않고, 노동도 하지 않고, 다만 육욕의 만족에만 봉사하면서 생활하는 것이 가능하다고 하는 그러한 생활관으로부터 구출하지 않으면 안 되었던 것이다.

만약 내가 이 사실에 생각이 미쳤더라면, 그 딸을 구출하기 위하여 여기에 오도록 하려고 생각한 귀부인들의 대부분도 오직 육체적 욕망의 만족에만 봉사하면서 아이도 낳지 않고, 일도 하지 않고 살고 있을 뿐만 아니라, 이러한 생활을 위하여 딸까지도 의식적으로 교육하고 있다는 사실을 이해했을 것이리라.

한편의 여인은 딸을 천한 직장으로 데리고 가고, 그리고 다른 한편의 어머니는 딸을 무도회에 데리고 간다.

그러나 양자의 인생관에는 다름이 없다. 즉 여인은 남성의 성욕을 만족시켜서 그 대가로 생활비를 조달하고 의상을 만들기도 하고 동정을 받기도 하는 것이 마땅한 것이라고 생각한다.

그렇게 고찰할 때 우리 사회의 귀부인들이 어찌 이 모녀를 바로잡을 수가 있겠는가?

2. 비극의 여인

그날 밤까지는 그녀도 그가 틀림없이 들러 줄 것이라 믿고 있었다. 그래서 그녀는 뱃속에 있는 태아를 괴롭게 생각하지 않았을 뿐만 아니라, 뱃속에서 아이가 부드럽게, 때로는 갑자기 세계 꿈틀거리거나 할 때면 곧잘 놀라움과 감동을 느꼈다. 하지만 그날 밤을 끝으로 모든 것이 변해 버렸다. 그리고 태어날 아기는 단순한 방해물 밖에 되지 않았다.

고모들은 네플류도프를 기다리다 못해 들르라고 편지를 보냈지만, 그는 기일까지 페테르부르크에 도착해야 하므로 들를 수가 없다는 전보를 보냈다. 카추샤는 그것을 알자 하다못해 그의 얼굴이라도 한번 보려고 역에 나갈 결심을 했다.

기차는 밤 12시에 그곳을 통과할 예정이었다. 카추샤는 여주인들이 잠든 후에, 식모의 딸 마시카를 꾀어내어, 헌 구두를 신고 수건으로 머리를 싸고 옷자락을 걷어 올리고 역으로 달려갔다.

비바람이 몰아치는 어두운 가을밤이었다. 큰 빗방울이 이따금 내리다가 그치다가 했다. 들판으로 나섰을 때에는 바로 앞의 길도 보이지 않았으며, 숲속은 난로 속처럼 캄캄했다.

그래서 카추샤는 잘 아는 길이긴 했으나 숲속에서 길을 잃어, 기차가 3분 동안밖에 정차하지 않는 작은 역에 가까스로 도착했을 때에는 그녀가 생각했던 것보다 늦어서 두 번째 벨이 울린 뒤였다.

플랫폼으로 뛰어 들어간 카추샤는 바로 1등실 창 안에서 그를 발견했다. 그 찻간에는 특별히 불이 밝게 켜져 있었다. 네플류도프는 비로드로 씌운 좌석에서 두 사람의 장교와 마주 앉아 트럼프 놀이를 하고 있었다.

창가의 작은 탁자 위에는 촛농이 흘러내리는 굵은 양초가 켜져 있었다. 그는 몸에 딱 붙는 승마복에 흰 셔츠 차림으로 좌석 손잡이에 걸터앉아 의자 등받이에 기대어 웃고 있었다.

그녀는 그를 보자마자 곱은 손으로 급히 창문을 두드렸다.

그러나 그때 세 번째 벨이 울리고 기차가 천천히 움직이기 시작했다. 처음에 덜컹하고 뒤로 흔들렸다가, 한 대 한 대 끌려서 앞으로 나가기 시작했다.

트럼프 놀이를 하고 있던 장교 중의 하나가 카드를 손에 든 채 일어서서 창을 내다보았다. 그녀는 다시 한 번 창을 두드리고 얼굴을 유리에 갖다 대었다.

그때 그녀가 얼굴을 대고 있던 차도 덜거덕하며 움직이기 시작했다. 그녀는 창을 보면서 그것을 따라 걷기 시작했다.

장교는 창문을 열려고 했으나 아무리 해도 열리지 않았다. 네플류도프가 일어서서 장교를 밀어 내고 자신이 열려고 애썼다.

기차의 속력이 더해졌으므로 카추샤도 걸음을 빨리하여 걸었다. 기차가 더욱 빨라졌을 때 겨우 창문이 열렸다.

그러나 마침 그때 차장이 그녀를 밀어젖히고 그 칸으로 뛰어올랐다. 그녀는 약간 뒤처지기는 했으나 플랫폼의 젖은 판자 위를 달려갔다. 이윽고 플랫폼은 끝이 났다. 카추샤는 넘어지지 않도록 애쓰면서 땅 위를 계속 달렸으나 1등차는 이미 아득히 멀어졌다. 그녀의 곁을 2등차가 달려 지나갔다. 이어 빠른 속도로 3등차가 달려 지나갔다.

그런데도 그녀는 그대로 계속 달렸다. 이윽고 신호등이 달린 마지막 칸이 그녀 곁을 지나갔을 때 그녀는 벌써 울타리 밖의 급수 탱크가 있는 곳까지 와 있었다.

바람이 심하게 불어 머리 수건이 벗겨지고 스커트가 다리에 휘감겼다. 그래도 그녀는 계속 달렸다.

"아줌마, 카추샤 아줌마!"

가까스로 그녀의 뒤를 따르면서 마시카가 외쳤다.

"수건이 떨어졌어요."

카추샤는 멈추어 섰다. 그리고 뒤돌아보더니, 갑자기 두 팔로 소녀를 껴안고 울음을 터트렸다.

"아, 가 버렸어!"

그녀는 소리쳤다.

'그이는 불이 밝은 기차 안에서 비로드를 씌운 좌석에 걸터앉아, 농담을 하며 술을 마시고 있었는데, 나는 캄캄한 진흙 속에서 비바람을 맞으며 이렇게 서서 울고 있다니!'

그녀는 혼자 이렇게 생각하면서 땅바닥에 주저앉아 울음을 터트리고 말았다. 그 울음소리가 너무나 컸기 때문에 소녀는 깜짝 놀라 젖은 옷 위로 그녀를 껴안았다.

"아줌마, 집으로 돌아가요."

'이번에 기차가 오거든……. 뛰어들자, 그러면 끝장이다!'

카추샤는 소녀에게 대답하지 않고 이러한 생각을 했다.

그녀는 그렇게 하리라고 결심했다. 그러나 그때, 흥분이 가라앉고 마음이 진정되면서 가끔 있는 일이지만, 그녀의 배 안에 있는 그의 태아가 갑자기 꿈틀하더니, 헤엄치듯이 기지개를 켜고, 그리고 또 무엇인가 가늘고 보드라운 뾰족한 것으로 쿡쿡 찌르기 시작했다.

그러자 1분 전까지는 도저히 살아 있을 수도 없다고 생각될 정도로 그녀를 괴롭힌 일도, 그에 대한 모든 증오도, 억지로 죽어서라도 그에게 복수하려고 골똘히 생각했던 심정도 전부 금방 어디론가 날아가 버렸다.

그녀는 마음이 진정되자 일어서서 옷을 가다듬고 수건을 머리에 뒤집어쓰고는 집을 향해 걷기 시작했다.

낙담을 하고 비에 젖은 진흙투성이가 되어 그녀는 집으로 돌아왔으나, 그날부터 그녀의 내부에 정신적 변화가 일어났는데, 그것이 그녀를 현재와 같은 여자로 만든 것이다.

그 무서운 밤 이후 그녀는 신(神)을 믿는 것도 선(善)을 믿는 것도 그쳐 버렸다. 그때까지는 그녀 자신도 신을 믿으며 사람들도 신을 믿는 것으로 생각하고 있었다.

그러나 그날 밤 이후로 그녀는 아무도 선이나 신 따위는 믿지 않으며, 신이나 선에 대해 말하고 있는 것은 단지 사람들을 속이기 위한 허위이며 엉터리라고 굳게 단정해 버렸다.

그녀가 사랑했고, 또 그녀를 사랑한 그(그녀는 그렇게 믿고 있었다). 그러한 그가 그녀의 육체를 향락하고, 그녀의 순정을 희롱하고는 그녀를 버린 것이다.

그렇지만 그는 그녀가 알고 있는 한도 내의 사람들 가운데서는 가장 훌륭한 사람이었다. 그 외의 사람들은 전부가 그에게 미치지 못했다.

그리고 이 사실은, 그 후에 그녀가 당한 일체의 사실이 입증해 주는 것이었다.

그의 고모들, 신앙심이 두터운 이 노파들조차도 그녀가 종전과 같이 일을 못하게 되자 그녀를 내쫓고 말았다.

그녀가 만난 모든 사람들 중 여자들은 그녀를 돈벌이의 도구로 삼으려고 했으며, 늙은 서장을 비롯하여 감옥의 간수에 이르기까지 사나이란 사나이는 그녀를 쾌락의 대상으로 바라보았다. 이 세상 모든 남자에게는 쾌락 이외에 아무것도 없었던 것이다.

그리고 그녀로 하여금 그 신념을 한결 강하게 한 것은, 그녀가 자유로운 생활로 들어간 2년째에 동거한 바 있는 늙은 소설가였다. 그는 그녀를 향하여 언제나 노골적으로, 일체의 행복은 쾌락(그는 그것을 이름지어 '시'라고 하고 '미(美)'라고 일컬었다)에 있다고 말했던 것이다.

사람은 모두 오직 자기를 위하여 자기의 만족을 위해서 살고 있는 것이지, 신이나 선에 대한 말은 전부 거짓말이었다.

만약 어찌하여, 왜 이 세상은 서로 나쁜 짓을 하고 모두가 고민하는 어리석은 조직으로 되어 있을까 하는 의문이 일어났다고 하더라도 그러한 일은 생각하지 않기로 했다.

할 일이 없어 심심하면 담배를 피우든가 술을 마시든가, 무엇보다도 좋은 것은 남자와 좋은 사이가 되는 일이었다. 그러는 동안에 모든 것은 지나가 버리는 것이었다.

일반적으로 사람들은 도둑이나 살인자나 첩자나 매춘부 등은 자신의 직업을 나쁜 것으로 인정하고 그것을 부끄러워하지 않으면 안 될 것이라고 생각하고 있다.

그런데 사실은 정반대이다.

운명으로 말미암아, 또는 자신의 죄나 과실로 말미암아, 어떤 환경 때문에 그렇게 된 사람들은 그것이 아무리 옳지 않은 일이라 할지라도 어쨌든 그 환경이 훌륭한 것, 존경할 만한 것으로 생각될 그러한 인생관을 자기 자신을 위하여 만들어 내는 것이다.

그리고 이러한 신념을 유지하기 위해서 사람들은 자신이 만들어 낸 인생관이나 그들 자신의 인생에 있어서의 위치에 대한 이 견해를 승인하는 사회를 옹호하기 마련이다.

도적이 재빠른 솜씨를 자랑하고, 매춘부가 방자함을 뽐내고, 살인자가 잔혹함을 자랑한다는 말을 들으면 우리는 놀랄 것이다.

그러나 그것이 우리를 놀라게 하는 것은 다만 그러한 사람들의 사회―아토모스피어(분위기)―가 한정되어 있고, 특히 우리가 그 권외(圈外)에 있기 때문이다.

그렇지만 세상의 부호가 부(富), 즉 약탈을 자랑하고, 전쟁의 지휘관이 승리, 즉 살인을 자랑하고, 위정자가 권력, 즉 압제를 뽐내는 것도 말하자면 이와 같은 현상이 아닐까?

게다가 또 우리가 이러한 사람들 속에 자기의 위치를 변호하기 위한 제멋대로의 인생관이나 선악관을 보고 의아심을 가지지 않는 것은 다만 그러한 관념을 가지고 있는 사람들의 사회가 보다 크고 우리 자신이 거기에 속해 있기 때문이다.

이와 똑같은 견해가 카추샤에게도, 또 자신의 생활에 대하여 자신의 환경에 대해서 마련되어 있었다.

그녀는 징역의 선고를 받은 매춘부였음에도 불구하고 자기 자신을 시인하고 또 사람들 앞에서 자신의 처지를 자랑할 수 있는 그러한 인생관을 마련하고 있었다.

그녀의 인생관은 이러하다.

예외 없이 모든 남성들—노인·청년·중학생·장군·교육 받은 자·교육 받지 못한 자—의 중요한 행복은 매혹적인 여성과의 성적 교섭 속에 있다. 그러니까 모든 남자는 다른 일로 바쁜 것 같은 얼굴을 하고 있지만, 실은 이 한 가지 일을 원하고 있는 데에 불과하다.

그런데 그녀는 매혹적인 여자이기 때문에 그들의 욕망을 만족시켜 줄 수도 있고, 채워 주지 않을 수도 있었다. 따라서 그녀는 소중하고 필요한 존재이다. 그리하여 오늘까지 그녀의 생활도, 현재의 생활도 모두가 이 견해가 옳다는 것을 뒷받침해 주고 있는 것이다.

과거 10년 동안, 그녀는 어디를 가나 도처에서 네플류도프와 늙은 경찰관을 비롯하여 말단 감옥의 간수에 이르기까지 모든 남자가 그녀를 필요로 하고 있는 것을 보았다.

그녀는 자기를 필요로 하지 않는 그러한 남자는 한 사람도 본 일이 없으며 또 느낀 일도 없었다.

자연스러운 결과로 그녀는 이 세계는 육욕의 소용돌이 속에서 허덕이는 사람들의 집합, 즉 사방팔방에서 그녀를 노리고 가능한 한 모든 방법—기만·폭행·금력·교활한 지혜—을 다 사용하여 그녀를 손안에 넣으려고 노력하는 사람들의 집합처럼 생각하게 되었다.

이러한 식으로 카추샤는 인생을 해석하고 있었다. 그리하여 이러한 인생관으로 본다면 그녀는 단순히 최하등이 아닐 뿐만 아니라 매우 중요한 인간이었다.

그래서 카추샤는 이러한 인생관을 이 세상에 어떠한 것보다도 존중하고 있었다. 또, 존중하지 않고는 견딜 수 없었던 것이다.

왜냐하면 이 인생관이 변한다면 그것이 있음으로 인해서 사람들 사이에서 그녀가 얻고 있는 가치가 상실되고 말 것이기 때문이었다.

그리하여 그녀는 인생에 있어서 자신의 가치를 잃지 않기 위하여, 자기와 똑같이 인생을 보고 있는 사람들의 사회를 본능적으로 옹호하고 있었다.

3. 육체의 장식

"……그러나 여자는 틀립니다. 이른바 고상한 시적인 연애도 정신적인 미점(美點)을 기초로 하지 않고, 육체상의 접근이라든가 또는 머리를 빗은 모습이라든가, 의복의 색채나 디자인, 그러한 것에 좌우된다는 것을 알고 있습니다. 시험 삼아 남자를 사로잡는 것을 일생의 목적으로 하고 있는 코케트에게 이렇게 물어 보십시오.

자신이 유혹하려고 마음먹고 있는 사나이 앞에서 자기의 허위라든가 잔혹한 성질이라든가 또는 한걸음 더 나아가서 방종하다는 것을 폭로당하는 것과, 천과 바느질이 좋지 못한 추한 의복을 입고 그 남자 앞에 나서는 것, 둘 중에서 어느 것을 택할 것인가?

이렇게 물으면 어느 여인이나 첫째 것을 택할 것입니다. 우리가 고상한 감정이니 뭐니 말하고 있는 것은 전부 엉터리로 실제는 다만 육체만이 필요한 것입니다. 그러므로 모든 비열한 행위는 용서해도, 복장에 있어서의 추하고 불결한 것은 용서해 주지 않는다는 사실을 그녀들은 납득하고 있는 것입니다.

코케트는 그것을 의식적으로 알고 있지만 무구(無垢)한 소녀는 무의식적으로 알고 있는 것입니다. 마치 동물이 그것을 알고 있는 것과 마찬가지로. 이러한 이유에서 저 증오할 짧은 저고리를 입기도 하고 투루뉴르를 사용하기도 하고 어깨와 팔과 가슴까지 드러내는 것입니다. 여자, 특히 남자 학교를 졸업한 여자는 고상한 사물에 관한 갖가지의 이야기가 단순한 이야기로 그치고, 실제로 남자에게 필요한 것은 육체와 그 육체를 매우 부정직한, 그러나 아름다운 빛에 비추어 보이는 모든 물건이라는 사실을 충분히 알고 있습니다. 그래서 그것이 실제로 행해지고 있는 것입니다. 만약 우리에게 있어서 제2의 천성으로 되어 있는 이 추악에 대한 습관성을 포기하고 파렴치로 가득 찬 상류 사회의 생활을 있는 그대로 바라본다면, 그것은 완전히 하나의 커다란 매음굴입니다. 당신은 동의하지 않습니까? 그렇다면 내가 그것을 하나 증명하겠습니다."

그는 나를 가로막으면서 이렇게 말했다.

"우리 사회에 있는 부인은 매음굴의 여인들보다 다른 흥미에 의해서 살고 있다, 이렇게 말씀하시는 거죠. 그렇지만 나는 그렇지 않다고 말하는 것입니다. 그것을 나는 증명하겠습니다. 만약 인간이 생활의 목적이나 내용으로 봐서 다르다고 한다면, 그 상이점은 외면에도 영향을 주어 외면도 달라지지 않으면 안 될 것입니다. 그러나 사람들에게 경멸당하고 있는 저 불행한 여자들과 상류의 귀부인을 비교해 보십시오. 어느 쪽도 같은 복장, 같은 디자인, 같은 향수, 똑같이 드러내 놓은 팔, 가슴, 똑같이 내민 투루뉴르 같은 보석, 번쩍번쩍하는 값비싼 물건에 대한 맹렬한 사랑, 오락, 댄스, 음악……. 저쪽이 갖은 방법을 다해서 남자를 유혹하려고 한다면 이쪽도 역시 같은 일을 하고 있는 것입니다."

"부인이 권리를 박탈당하고 있다고 말하는 것은 선거권을 가지지 않는다든가, 배심원이 될 수 없다든가 하는 그러한 일이 아닙니다(이런 일에 종사한다는 것은 결코 권리는 아닙니다). 즉 성적 관계에 있어서 남성과 대등하지 않다는 것입니다. 자기 자신의 희망에 의해서 남자를 이용하기도 하고, 남자를 거절하기도 하고, 자신이 남자를 선택해서 피선택자의 위치에 서지 않는다고 하는 그러한 권리를 소유하지 않는다는 것입니다. 당신은 그러한 일을 생각하는 것은 추악하다고 말씀하십니까? 좋습니다! 그렇다면 남자에게도 그러한 권리를 소유하지 않도록 하지 않으면 안 됩니다. 그렇지만 오늘날의 부인은 남자들이 소유하고 있는 이 권리를 박탈당하고 있습니다.

그리하여 이 권리에 대한 대상(代償)으로서 여자는 남자의 육감에 호소하고 작용하여 그 육감을 통해서 남자를 정복하며, 결국 표면적으로는 남자가 선택하는 것처럼 보이지만, 결과적으로는 여자가 선택하는 것과 같이 되어 버립니다. 한번 이 방법을 회득(會得)하면, 그것을 남용하여 남자에 대해서 무서운 권력을 획득하는 것입니다."

"그러나 그 특수한 권력은 어디 있나요?"

내가 물었다.

"어디에 그 권력이 있느냐구요? 도처에 있습니다. 모든 것 가운데에 있습니다. 어디라도 좋으니 큰 도시의 상점을 들러 보십시오. 거기에는 기백만금에 해당하는 물건들이 진열되어 있습니다. 아니, 거기에 얼마만큼의 인간의 노력이 소비되어 있는지 도저히 평가할 수 없을 정도입니다.

그런데 생각해 보십시오. 이러한 상품의 90퍼센트까지는 남자들이 사용하는 물품이 아닙니다. 인간생활의 사치품은 전부 여자가 필요로 하고 여자가 유지하는 것입니다. 우선 모든 공장을 세어 보십시오. 그 대다수는 유용하지도 않은 장식품, 마차, 가구, 여자의 완구를 제조하는 것입니다.

몇 백만의 인간, 몇 대에 걸친 불쌍한 노예는 오직 여자의 욕망을 위해서만, 이러한 징역이나 다름없는 공장 노동에 몸을 망치는 것입니다.

여자는 마치 여왕처럼, 전 인류의 9할까지 포로로 하여 심한 노동을 강요하고, 노예 상태로 두고 있는 것입니다. 그것도 전부 부인이 굴욕을 당하고 남자와 동등한 권리를 박탈당했기 때문에 일어난 일인 것입니다. 그래서 여자들은 우리의 육감에 작용을 하여 우리를 그 그물 속에 넣음으로써 복수를 하고 있는 것입니다. 네, 전부 그 때문입니다. 여자는 자기 자신을 남자의 육감에 작용하는 무서운 무기로 변하게 했으므로 남자는 침착하고 냉정하게 여자를 대할 수 없는 것입니다. 남자는 여자 곁에 접근하자마자, 벌써 그 요기(妖氣)에 감염되어 멍하게 되어 버립니다.

나는 이전에도 무도복을 입고 장식한 귀부인을 보면, 항상 숨이 막힐 것 같은 야릇함을 느꼈습니다만, 지금에 와서는 오직 무서울 뿐입니다. 마치 타인에게 있어서 위험한, 법률에 위반된 것이라도 보는 것 같은 생각이 들어서 커다란 목소리로 경찰을 불러서 위험에 대한 보호를 구하고 싶어지는 것입니다. 이러한 위험물을 제거하도록 요구하고 싶어지는 것입니다. 아아, 당신은 웃고 계시군요."

그는 내게 이렇게 소리 질렀다.

"이것은 결코 농담이 아닙니다. 나는 세상 사람들이 이것을 깨달을 때가 의외로 빨리 올 거라고 확신하고 있습니다. 그때에는 사회생활의 안정을 파괴하는 그러한 행위, 즉 육욕을 도발하는, 그러한 육체 장식이 허용되는 사회가 어찌 존재할 수 있는 것인가 하고 놀랄 것입니다(지금 우리의 사회에서는 그것이 여자들에게 허용되어 있으니까요). 정말 이것은 공원이나 대로(大路)에 갖가지의 올가미를 만들어 놓은 것과 같은 일입니다. 아니, 그것보다도 더욱 나쁩니다. 어째서 도박은 금지되고 있는데, 여자가 육감을 도발하는 그러한 복장을 하는 것은 금지되지 않을까요? 그쪽이 몇 천배나 위험합니다."

4. 무엇이라도 할 수 있다

언제였던가, 훨씬 이전에 나는 우연히 《새시대》의 문예란에서 아타 씨의 여자들에 관한 훌륭한 기사를 읽었다.

필자는 거기에서 여자에 관한 매우 총명하고 심원(深遠)한 사상을 발표했다.

"여자는 우리 남자가 할 수 있는 일은 무엇이라도 할 수 있다는 것을 우리에게 보여 주려고 애쓰고 있다. 나는 그것에 관해서 논쟁을 하지 않을 뿐 아니라, 여자는 남자가 하는 일이라면 무엇이라도 할 수 있다고 생각한다. 아니, 아마 남자보다도 잘할 수 있다는 사실에 언제라도 찬성하고자 하는 것이다. 다만 곤란하게도, 남자 쪽에서는 여자가 할 수 있는 일을 조금도, 그 흉내도 내지 못한다는 것이다."

확실히 이 말대로이며 그것은 출산·수유·육아에 관해서만이 아니라 최고 최선(最善)인 인간을 가능한 한 신에게 접근시키는 행위, 즉 사랑의 행위, 사랑하는 사람에게 자신을 완전히 바치는 행위도 남자로서는 불가능하다.

그것을 훌륭한 여자는 지극히 훌륭하게, 또 자연스럽게 행했다. 지금도 행하고 있다. 그리고 이제부터는 행하는 것이다. 만약 여자에게 이 특성이 없고, 또 그것을 나타내지 않았다면 세계는 어떻게 되었을까? 우리 남자는 어떻게 되었을까?

여의사·여자 전신계·여류 법률가·여류 작가 등은 없어도 충분히 해나갈 수 있겠지만 어머니와 주부와 여자 친구와 위안자, 즉 남자 내부에 있는 가장 좋은 점을 발견하여 그 전부를 사랑하고, 눈에 띄지 않는 격려에 의해서 그 좋은 점을 불러일으키고 지켜 주는 그러한 여인이 없었더라면 산다는 것은 틀림없이 싫어질 것이다.

5. 어머니인 여성이여

분만·출산을 우연한 불쾌한 일로 보고, 자아(自我)의 사랑의 만족·생활의 편의·교양·사교 등을 인생의 의의처럼 보는 어머니는 자녀를 교육하는 데 있어서도, 그들이 가능한 한 많은 만족을 향락하도록 배려하여 맛있는 음식을 주고, 아름다운 옷을 걸치고, 인공적으로 즐겁도록 하면서 그들이 아들이든 딸이든 생명의 위험을 수반하는 극도로 긴장된, 자기희생적 노동에 견딜 수 있도록 교육하지 않고, 도리어 이 노동을 피하도록 가르치고 있다. 즉 학교 졸업장이 주는 것을 뜻하고 있는 것이다.

다만 생활의 의의를 상실한 것 같은 그러한 여성만이 그릇된 부정한 남자의 노동에 동감하여, 노동의 의무를 스스로 벗어난 남편과 더불어 타인의 노력을 이용하는 것이다.

이러한 여성은 자기 딸에게도 이러한 남편을 선택하게 하여, 인간 그 자체가 아니고, 인간에게 결부된 것, 즉 지위·재산·타인의 노동을 이용할 수 있는 능력에 의해서 타인을 평가할 것이다.

진정한 어머니는 신의 뜻을 알고 있는 것이며 자기의 자녀들조차도 그 여행을 지향하여 교육할 것이다.

이러한 어머니에게 있어서는, 살찌고 어리광을 부리고 화려한 의상을 입은 자기 자식을 보는 것이 고통이 될 것이다. 왜냐하면 어머니가 체험한 신의(神意)의 이행은 아이들을 위하여 곤란하게 만드는 것이라는 사실을 명확하게 알고 있기 때문이다.

이러한 어머니는 자녀에게 노동으로부터 피할 수 있는 가능성을 주는 지식을 가르치지 않고, 생활의 노동을 부담하는 데 도움이 되는 것을 가르칠 것입니다.

그녀는 무엇을 가르침이 마땅한가, 무엇을 목표로 하여 자녀를 교육함이 마땅한가 하는 따위의 질문을 할 필요가 없다. 그녀는 인간의 사명이 어디에 있는지를 알고 있으므로, 자녀에게 무엇을 가르침이 마땅한가, 무엇을 목표로 하여 교육함이 마땅한가를 명확하게 알고 있는 것이다.

이러한 어머니는 타인의 노력을 이용하는 것만 목적으로 하는 그릇되고 부정한 노동을 남편에게 권유하지 않을 뿐만 아니라, 자녀를 위하여 이중의 유혹이 될 이러한 활동에서, 혐오와 공포의 염(念)으로써 얼굴을 돌릴 것이다.

이러한 부인은 손이 희다거나, 동작이 세련되었다거나 하는 것에 의해서 딸의 남편을 선택하려고 하지 않을 것이다.

그녀는 무엇이 진정한 노동이고 무엇이 기만인가를 분명히 알고 있기 때문에, 언제 어떠한 장소에 있어서나 자기의 남편을 비롯하여, 모든 남성에게서 생명의 위험이 수반되는 진실한 노동을 요구하고 이러한 노동을 행하는 남성을 존중하여 진실한 노동으로부터 피하는 것을 목적으로 하고 있는 외면만 화려한 허위의 노동을 경멸할 것이다.

부인으로서의 사명을 거부하고, 그 권리를 행사하는 것을 원하지 않는 여성은 흔히 이런 말을 한다.

"그러한 생활관은 어머니로서 불가능하다."

어머니는 자녀에 대한 사랑과 지극히 밀접한 관련을 가지고 있으므로 그들에게 아름다운 옷, 맛있는 음식이나, 오락을 거부하는 것은 불가능하다. 만약 남편이 재산 혹은 보증된 지위를 가지지 않는 경우, 생활의 보증을 빼앗긴 아이들의 몸을 걱정하지 않을 수 없다. 결혼한 딸의 운명이나 교육을 받지 않은 자식들의 장래를 걱정하지 않을 수는 없다.

그러나 그렇게 해서는 안 된다. 그것은 잘못이다. 분명히 잘못이다. 진실한 어머니는 결코 이렇게는 말하지 않을 것이다. 그대들은 자녀에게 과자나 장난감을 주고, 공원에 데리고 가고 싶다는 그러한 희망을 억제할 수 없다고 말하는가?

그러나 아이들에게 뱀딸기를 준다든가, 혼자서 배를 타게 한다든가, 카페 샹땅에 데리고 간다든가 하는 그러한 일은 결코 하지 않지 않는가? 어째서 이 경우에는 억제할 수 있으면서도 다른 경우에는 불가능하다는 것인가?

그것은 그대들의 말이 허위이기 때문이다.

그대들은 자녀를 사랑하는 나머지, 그들의 생명을 염려하고, 굶주림과 추위를 두려워하기 때문에 그대들이 부정이라고 인정하는 남편의 지위에서 생기는 생활의 보증을 존중한다고 말한다.

그대들은 자녀를 위하여 지극히 먼 장래에 속하는 의심스러운 우연이나, 재액을 두려워하는 까닭에 스스로 부정이라고 인정하는 업(業)을 남편에게 권하고 있다.

그러나 현재의 조건에 있어서, 현재 생활에서 발생할 수 있는 불행한 우연에 대해서 보증하기 위하여 어떠한 방법을 강구하고 있는가?

그대들은 자녀와 더불어 하루의 대부분을 보내고 있는가? 아니, 만약에 10분의 1을 보낸다면 그것은 좋은 편이다.

그 이외의 시간에 있어서는 그들은 아무런 관계도 인연도 없는 고용인 속에 맡겨지든가, 혹은 학교에 있든가 하여 육체적·정신적 전염의 위험에 방치되어 있지 않은가?

아이들은 음식을 먹고 있지만, 누가 무엇으로 식사를 준비하고 있는가? 대개의 경우 어머니는 그것을 알지 못하는 것이다.

아이들의 도덕적 관념은 누구에게서 받아들여지고 있는가? 이것도 역시 알지 못하는 것이다.

이렇게 관찰한다면 자녀의 행복을 위하여 악을 참고 견딘다든가 하는 말은 하지 않는 것이 좋다. 그것은 허위이다. 그녀는 악을 사랑하는 까닭에 악을 행하는 것이다.

자녀의 출산과 교육을 하는 데 있어서 자기의 희생적 사명과 신의(神意)의 이행을 발견하고 있는 진실한 어머니는 결코 그러한 것을 말하지 않을 것이다.

그녀가 그러한 것을 말하지 않는 것은 다음의 사실을 알고 있기 때문이다.

그녀의 임무는 자기 자신, 혹은 시대 풍조의 변덕에 따라서 자녀를 교육하는 것이 아니고, 다음 시대를 양어깨에 짊어질 자녀는 사람이 현실에 있어서 보는 것이 허용된 가장 위대하고 신성한 존재이며, 자기의 전 생명을 바쳐 이 성물(聖物)에 봉사하는 것이 어머니의 생활이다.

끊임없이 생사지간을 방황하고 거의 있을까 없을까 하는 정도의 생명을 길러낸 어머니는 자기의 문제가 자신의 생사가 아니고, 생명에 대한 봉사인 사실을 알고 있다. 따라서 그녀는 이 봉사의 길을 멀리서 구하지 않고 오직 가까운 길을 피하지 않으려고 애쓸 것이다.

이러한 어머니는 스스로 낳고 스스로 기를 것이다. 무엇보다도 먼저 스스로 기를 것이다.

자녀를 위하여 음식을 만들고, 옷을 만들고, 스스로 자녀를 씻기고, 스스로 자녀를 교육하고, 그들과 더불어 잠자고, 그들과 더불어 말할 것이다.

왜냐하면 이 일에 자기 생애의 사업을 느끼기 때문이다.

그녀는 모든 생활의 보증이 노동과 노동에 대한 능력에 있다는 것을 알고 있으므로, 남편의 금전이나 자녀의 졸업장 등에서 그들의 외적 보증을 구하지 않는다.

이러한 어머니는 무엇을 하는 것이 마땅한가에 관하여 타인의 가르침을 받지 않을 것이다. 그녀는 모든 것을 알고 있으므로, 아무것도 두려워하지 않고 항상 침착하다. 왜냐하면 자기가 해야 할 일을

전부 이행했다고 하는 의식이 있기 때문이다.

남자는 아이를 가지지 않은 부인에게 있어서는 신의를 이행하는 길에 관한 의아심이 있다 할지라도, 어머니인 부인에게 있어서 이 길은 명료하고 확연하게 결정되어 있다.

그리고 그녀가 단순 겸허한 심정으로 그 사명을 다했다면, 그녀가 인간이 도달할 수 있는 완성의 정상에 서는 것이다. 그리하여 만인이 언제나 목표하고 있는 완전한 신의(神意) 이행의 모범이 될 것이다.

다만 어머니만이 죽음에 임하여, 그녀를 이 세상에 파견한 신에 대해서, 즉 자기 자신보다도 사랑하는 자녀의 출산과 양육에 의해서 봉사해 온바 신을 향하여 말할 수가 있다.

"이제는 그대의 종을 놓아 주옵소서."

다만 신이 정한 임무를 이행한 어머니만이 평안한 양심을 가지고 이 말을 할 수 있다. 또 이야말로 사람들이 최선의 행복으로 지목하고 있는 최고의 완성이다.

이와 같이 자기의 사명을 다한 여성은 남성 위에 군림하여, 사람들을 위한 인도의 별이 된다.

이러한 여성은 여론을 형성하여 새로운 시대를 양육한다. 따라서 이들 여성의 손에 최고의 권력, 현대의 가공할 만한 악에서 사람들을 구출할 권력이 장악되고 있다.

그러하도다. 어머니인 여성이여, 이 세상의 구원은 누구보다도 그대들의 장중(掌中)에 장악되고 있다.

예 술

1. 예술이란 무엇인가

예술을 정확하게 정의하기 위해서는 무엇보다도 먼저, 이를 쾌락의 수단으로 보는 것을 멈추고, 인간 생활의 하나의 조건으로 생각하지 않으면 안 된다.

예술을 그렇게 생각했다면, 우리는 예술은 인간 상호간의 하나의 교제 수단이라고 보지 않을 수 없게 된다.

예술은 사람이 자신이 경험한 심정을 다른 사람들에게 옮길 목적으로 새로이 그것을 자신의 내부에 불러일으켜 외부에 보이는 어떠한 표시로 나타낼 때에 시작된다.

  예술의 작용은 한번 경험한 심정을 자기 내부에 불러일으키고, 그러한 후에 운동·선·색·음·말로 표현되는 형태에 의해서 그 심정을 전하여, 다른 사람도 같은 심정을 경험하도록 하는 데에 있다.

  한 사람이 의식적으로, 외면에 보이는 어떠한 표시로 자신이 경험한 심정을 다른 사람에게 전달하고, 다른 사람이 그 심정에 감염되어 그것을 느끼게 된다고 하는 이러한 인간의 작용, 그것이 예술이다.

  예술은 언어와 마찬가지로 하나의 교통수단이며 따라서 진보, 즉 인류가 완성으로 향하는 전진의 수단이다.

  언어는 현재 살아 있는 사람들에게 전시대의 사람들 및 현대의 가장 진보된 사람들이 경험이나 사색에서 알게 된 모든 것을 알 수 있게 한다.

  예술은 현재 살아 있는 사람들에게 그때까지 사람들이 경험한 심정이나, 현재에 있어서 가장 진보된 사람들이 경험하고 있는 심정을 전부 경험할 수 있게 한다.

  그리하여 지식의 진화가 이루어지고, 바꾸어 말한다면 한결 진실하고 필요한 지식이 그릇된 불필요한 지식을 구축하고 그 자리를 차지하는 것이다. 그와 마찬가지로 예술에 의한 감정의 진화도 행해져, 저급하고 불량하고 인간의 행복에 불필요한 심정을 그 행복에 필요하고 선량한 심정으로써 구축하게 된다.

거기에 예술의 직무가 있다. 그러한 까닭에 예술이 그 직무를 다하면 다할수록 예술의 내용은 더욱더 선량한 것으로 되고, 직무에 태만하면 태만할수록 내용은 더욱더 불량한 것으로 된다.

예술은 쾌락도 아니며 위안도 오락도 아니다. 예술은 위대한 일이다. 예술은 인간의 이성적 의식을 감정으로 옮기는 인간생활의 기관이다.

2. 만인에게 감염되다

예술 작품이라고 인정되고 있는 것에 관하여, '이것은 매우 뛰어난 것이지만 이해하기가 힘들다'는 말을 흔히 듣는다. 우리는 이러한 주장에 익숙해져 있다. 그러나 생각해 보면 작품은 매우 뛰어난데 이해할 수 없다고 말하는 것은 마치 어떠한 음식에 관하여 이것은 대단히 맛이 있지만, 사람들이 먹을 수 없다고 말하는 것과 똑같다.

보통 사람들은 별난 미각을 가진 식도락을 일삼는 사람들이 좋아하는 썩은 치즈나 썩은 냄새가 풍기는 뇌조(雷鳥)와 같은 음식을 싫어한다. 그러나 빵과 과일은 보통 사람의 비위에 맞기 때문에 맛있다고 말할 수 있다.

예술도 마찬가지다. 즉 별나게 이루어진 예술은 일반 사람에게는 이해되지 않을 수도 있지만, 뛰어난 예술은 언제나 모든 사람들에게 이해된다.

가장 뛰어난 예술 작품이란 대다수의 사람에게는 이해될 수 없으며, 오직 위대한 작품을 이해할 수 있을 정도의 교양이 있는 선택된 사람들만 이해될 수 있는 것이라고 말한다.

그러나 만일 대다수의 사람이 이해하지 못한다면 그들에게 그것에 대한 설명을 들려주고, 이해에 필요한 지식을 주지 않으면 안 된다.

그런데 그러한 지식은 없고 작품을 설명하는 것도 불가능하므로, 대다수의 사람에게는 이해되지 않는 작품을 뛰어난 예술 작품이라고 주장하는 사람들도 설명은 하지 못하고, 다만 이해하기 위해서는 그 작품들을 몇 번씩이고 읽고 또 읽고, 보고 또 보고, 듣고 또 듣지 않으면 안 된다고 주장할 뿐이다.

그러나 이것은 설명이라고 할 수 없는 것이다. 익숙해지게 한다는 것뿐이다. 그러나 익숙해지게 하는 것이라면 어떤 것도 심지어는 나쁜 일이라도 익숙해지게 할 수 있다.

썩은 음식과 보드카, 담배, 아편에도 익숙하도록 할 수 있듯이 좋지 않은 예술에도 익숙해지게 할 수 있다. 또 실제에 있어서 이렇게 하고 있는 것이다.

그뿐만 아니라 대다수의 사람들은 고급 예술품을 평가할 만큼의 취미를 가지고 있다. 대다수의 사람들은 우리가 최고의 예술이라고 보고 있는 것을 예나 지금이나 늘 이해하고 있다. 즉 예술적으로 단순한 성서의 이야기, 복음서의 우화, 민간 전설, 소화(笑話), 민요는 모두가 이해하고 있다.

그런데도 어째서 대다수의 사람들이 예술의 의미를 이해할 능력을 갑자기 상실했다는 말인가?

연설의 경우에는 설령 훌륭한 연설이라 할지라도 그 나라 말을 모르는 자에게 있어서는 이해가 되지 않는다고 말할 수도 있다.

중국어로 말한 연설이 설혹 훌륭한 것일지라도, 내가 중국어를 알지 못하는 바에야, 나로서는 역시 이해할 수 없다. 그렇지만 예술작품은 그 말을 모든 사람이 이해하고, 차별 없이 모든 사람에게 전달된다는 점에 있어서 다른 정신 활동과 구별된다.

중국인의 눈물이나 웃음은 러시아인의 눈물이나 웃음과 마찬가지로 내게 전달된다. 회화나 음악이나 시라 할지라도 내가 아는 나라 말로 옮겨져 있기만 한다면 마찬가지다.

키르기즈인이나 일본인의 노래도, 키르기즈인이나 일본인에 비해서 약한 정도이긴 하지만 역시 나를 감동하게 한다. 마찬가지로 일본의 그림이나 인도의 건축도 아라비아의 이야기도 나를 움직인다. 내가 일본의 노래나 중국의 소설에 조금밖에 감동받지 않았다 하더라도, 그것은 그 작품들을 내가 이해하지 못해서가 아니고, 내가 훨씬 고급인 예술을 알고 있고 그것에 익숙해져 있기 때문이지, 결코 그 예술이 나보다 고상해서 그런 것은 아니다.

  위대한 예술 작품은 모든 인간이 그것을 받아들이고, 이해하는 것이 가능한 까닭에 비로소 위대한 것이다.

  요셉의 이야기를 중국어로 번역하면 중국인을 감동시킨다. 석가모니의 이야기도 우리를 감동시킨다. 건축·회화·조각·음악의 경우도 마찬가지다. 따라서 어느 예술이 감동을 주지 않는다고 해서 그것을 보는 사람, 듣는 사람의 몰이해에서 일어난다고 말할 수 없다.

  거기에서 결론을 내릴 수 있고, 내지 않으면 안 되는 것은 다만 그것이 나쁜 예술이냐, 혹은 전혀 예술이 아니냐 하는 것뿐이다.

3. 모파상에 대하여

  장편소설의 임무는 가령 외적인 임무라 할지라도 인간의 온갖 생활, 또는 온갖 인간의 생활을 묘사하는 데 있다고 할 것이다. 따라서 장편소설을 쓰는 작가는 인생에 있어서 무엇이 선이며, 무엇이 악인가에 대하여 현명하고 확고한 신념을 갖지 않으면 안 된다.

  그러나 모파상에게는 그러한 점이 없다. 오히려 반대로 모파상이 내세우는 말에 의한다면, 그러한 것이 있어서는 안 된다는 것이다. 그러나 만약 모파상이 세상에 수다한 천분(天分)이 없는 관능소설의 작가와 같은 소설가라고 한다면 탤런트(재능)를 갖지 못하기 때문에 아무런 거리낌도 없이 악한 것을 선한 것으로 묘사하고 그 소설이 작가와 같은 입장에 선 사람들이 읽을 때에 비로소 잘 꾸며진 재미있는 것으로 되는 것이다.

그러나 모파상은 탤런트를 가지고 있었다. 그는 사물의 본질을 간파했다. 따라서 특별히 그렇게 할 심산이 없었더라도 진상을 파헤쳐 보였다. 즉 좋게 생각했던 사물에서도 어느 틈엔가 나쁜 점을 발견하고 있었던 것이다.

그 결과 최초의 작품은 고사하고 어느 작품에 있어서도 모파상의 동정은 항상 동요했다. 악한 것이 선한 것으로 보이기도 하고, 악한 것은 악하고 선한 것은 선하다고 인정하면서도 항상 한쪽에서부터 다른 쪽으로 이동하고 있었다. 그러한 까닭에 그것은 모든 예술적 인상의 기초적인 발판을 깨뜨리게끔 한다.

예술에 대해서 별로 민감하지 못한 독자들은 곧잘 예술 작품 속에 동일한 인물이 활동하고 있다는 점, 작품 전체가 하나의 줄거리 위에 구성되어 있다는 점, 한 인간의 생애가 묘사되어 있다는 것을 이유로 예술 작품은 하나의 전체를 이루는 것인 줄로 안다.

그러나 이것은 옳지 못하다.

어떤 예술 작품이라도 하나의 전체로서 완성되며 거기에서 인생을 반영하는 환상을 낳게 하는 모멘트는 인물이나 사건의 통일이 아니라, 대상에 대한 작가의 독자적이고 도덕적인 태도의 통일에 있다.

사실 우리가 새로운 작가의 예술 작품을 읽는다든가 바라본다든가 할 경우, 우리의 마음속에 부각되는 근본적인 문제는 언제나 이러하다.

"그러면 대체 당신은 어떤 사람인가? 내가 알고 있는 모든 사람과 무엇이 다른가? 우리의 생활을 이렇게 보지 않으면 안 되는가? 이런 것 등에 관해서는 어떤 새로운 이야기를 들려 줄 수 있겠는가?"

예술가가 무엇을 표현한다고 하더라도 그것이 성인이거나 도적이거나 황제이거나 하인이거나 우리가 거기에서 구하고 거기에서 보는 것은 다만 예술가 그 사람이다.

그러므로 그것이 오래된, 이미 유명한 작가일 경우에는, 자네는 어떠한 사람인가 하는 그러한 문제가 아니고, "그럼 자네는 또 어떤 새로운 이야기를 해 주겠는가? 이번에는 어떤 새로운 측면에서 인생을 비추어 보여 줄 것인가?"라는 질문으로 된다.

그리하여 명확하고 일정한, 그리고 새로운 인생관을 가지지 않은 작가, 하물며 그러한 것을 불필요하다고 생각하고 있는 작가는 예술 작품을 내놓을 수 없게 된다. 그 작가가 아무리 많은 재미있는 것을 쓸 수 있다 하더라도 예술 작품은 되지 않는다.

모파상의 장편소설이 꼭 그랬다. 처음의 두 편, 특히 최초의 작품, 《여자의 일생》은 인생에 대한 명확하고 일정한, 게다가 새로운 태도가 나타나 있는 예술 작품이었는데, 유행의 이론에 굴복하고 작가의 인생에 대한 이러한 태도는 불필요하다고 결정을 내리고, 다만 '무엇인가 아름다운 것을 만들기' 위하여 쓰게 된 후부터는 갑자기 그 소설은 예술 작품이 아니게 되었다.

《여자의 일생》에 있어서도, 《벨 아미》에 있어서도, 작가는 누구를 사랑하고 누구를 미워할 것인가를 알고 있기 때문에 독자도 거기에 동의하여 작가를 믿고, 거기에 묘사되어 있는 인물과 사건을 믿고 읽는다.

그러나 《사나이 마음》이나 《이베트》에 있어서는 작가가 누구를 사랑하고 누구를 미워할 것인가를 알지 못하고 있을 정도이니, 그것을 독자는 알지 못한다.

그러나 그것을 알지 못하니까, 독자는 거기에 씌어 있는 사건을 믿지 않으며, 또 그것에 흥미를 가지지 않는다.

그렇다고 한다면 처음의 장편소설, 엄밀히 말한다면 최초의 한 편을 제외하면 모파상의 장편소설은 전부가 장편소설로서 무력한 것이다.

그러므로 가령 모파상이 그 장편밖에 우리에게 남기지 않았다고 한다면 모처럼의 훌륭한 천분(天分)도, 그것이 뻗어 가는 그릇된 환경 때문에, 또 그것을 사랑하지도 않는, 따라서 이해도 하지 못하는 사람들이 생각해 낸 그릇된 예술 이론 때문에 쉽사리 소멸되고 만다고 하는 놀라운 실례밖에 되지 않았을 것이다.

그런데 다행히도 모파상은 경묘(輕妙)한 단편을 썼으며 거기에서는 자기가 가진 그릇된 이론에 굴복하지 않고 또 '무엇인가 아름다운 것'이 아니고, 그 도덕감(道德感)을 움직인 것, 혹은 매우 흥분하게 한 것을 썼던 것이다.

그 단편들의 전부는 아니지만, 그 중에서도 좋은 것을 읽으면 이 도덕감이 작가의 심중에 발생한 경위를 역력히 볼 수 있다.

대체로 진정한 탤런트라고 하는 것은 그릇된 이론의 영향으로 무리하게 일그러지지만 않는다면, 그것을 가지고 있는 자를 가르치고, 도덕적 발전의 길로 나아가게 하고, 사랑할 가치가 있는 것을 사랑하고, 미워할 가치가 있는 것을 미워하게 한다고 하는 점에 그 놀라운 특색이 있다.

예술가는 대상을 자기 멋대로 보는 것이 아니고, 있는 그대로 본다는 점에서 비로소 예술가인 것이다.

탤런트를 가지고 있는 자, 즉 인간은 잘못하는 일도 있겠지만 탤런트 자체는 모파상이 그 단편 속에서 부여한 것과 같은 그러한 방식을 부여하기만 한다면 대상을 파헤쳐 드러내 보이기 때문에 그것이 사랑할 가치가 있는 것이라면 사람들로 하여금 사랑하게 하고, 미워할 가치가 있는 것이라면 미워하도록 한다.

진정한 예술가라면, 누구라도 환경의 영향에 의해서 쓰지 않아야 할 것을 쓰기 시작했다 할지라도, 마치 파라암의 몸에 일어난 것과 같은 그러한 일이 일어나, 축복하고 싶다고 마음먹어도 축복함이 마땅한 일은 축복하게 되어 부지불식간에 자기가 하고 싶은 일이 아니고 해야 마땅할 일을 해 버린다. 모파상에게도 꼭 이러한 일이 일어났던 것이다.

과연 그 밖에 이와 같은 작가, 진정으로 인생의 모든 행복, 모든 의의가 여자에게 있고, 사랑에 있다고 생각하여 이렇게도 굳센 일정으로 모든 면에서 여자 및 그 사랑을 묘사한 작가가 있을까?

이제까지 이렇게도 명확하고 정확하게 인생의 최대 행복을 가져다주는 최고의 현상으로 믿고 있었던 것의 무서운 측면을 모조리 보여 준 작가가 있을까?

이러한 현상은 추궁하면 추궁할수록 점점 옷은 벗겨지고, 복면이 벗겨져 거기에는 다만 무서운 결과와 무서운 진상만이 남았던 것이다.

동물적인 인간의 요구와 이성적 인간의 요구 사이의 내적 모순을 모파상은 성애(性愛) 속에서만 보고 있는 것이 아니라 세계의 조직 전체 속에서 보고 있다.

세계는 물질적인 있는 그대로의 세계이며, 갖가지의 세계 중에서 가장 좋은 것이 아닐 뿐만 아니라, 오히려 반대로 그것과는 전연 틀리는 것인지도 모른다―이 이상은 《호르라》 속에 현저히 나타나 있다―따라서 이성이나 사랑의 요구를 만족 시키는 것은 아니다. 그러나 인간의 마음에는 무엇인가 별개의 세계, 적어도 그러한 별개 세계의 요구가 있다고 그는 보고 있다.

그리하여 모파상은 물질적인 세계의 불합리와 추악에 상심하고 있을 뿐만 아니라, 그 증오와 불화에도 상심하고 있다.《고독》이라는 뛰어난 단편에 있는 이 사상의 표현만큼 마음을 사로잡고, 자신의 고독을 의식하고 있는 길 잃은 인간의 절망을 잘 나타낸 것은 없다.

모파상의 마음을 무엇보다도 세게, 아프게 해 여러 번 그쪽을 돌아보게 하고 있는 현상은 고독, 인간의 정신적 고독, 자신과 다른 사람들과의 사이에 가로놓여 있는 장벽의 괴로운 심정이며, 그의 말을 빌린다면 육체적 접근이 밀접하면 밀접할수록 그 장벽은 한결 괴롭게 느껴지는 것이다. 그렇다면 모파상을 괴롭히고 있는 것은 무엇인가? 또 그는 무엇을 원하고 있었던 것일까? 무엇이 이 장벽을 제거하는가? 무엇이 이 고독을 타파하는가?

그것은 사랑이다.

그를 견딜 수 없게 하는 여자의 사랑이 아닌 청정(淸淨)한 정신적, 신적인 사랑이다. 그러한 사랑을 모파상은 갈구하고 있었다.

그러한 사랑을 향하여 훨씬 이전부터 모든 사람에게 명확하게 제시되고 있는 인생의 구원의 손길을 향하여 그는 자신을 속박하고 있는 것으로 느껴지는 사슬에서 몸부림쳐 해방되려 하고 있는 것이다.

자기로서는 아직 자신이 구하고 있는 것의 이름을 말하기까지 이르지도 않았고, 자기에게 있어서 신성한 것을 모독하지 않기 위하여 입으로만 그 이름을 말할 심정에도 이르지 못하고 있는 것이다.

그러나 고독에 대한 공포로 표현되고 있는 이 이름이 붙지 않은 모파상의 노력은, 그 대신 지극히 진정인 까닭에 다만 입으로만 말하고 있을 뿐인 사랑의 가르침이 많으면 많을수록 한결 강력히 감염되어 사람을 끌어당긴다.

모파상의 생애의 비극은 기괴하다는 점에서 말하더라도, 부도덕하다는 점에서 말하더라도, 더할 나위 없이 무서운 환경 속에 있으면서 자신의 탤런트의 힘, 자신의 내부에 있는 이상한 빛의 힘에 의해서 그 환경의 세계관으로부터 탈출하여 해방에 접근하고, 이미 자유의 공기를 호흡할 때까지 가 있었음에도 불구하고 이 고투에 있는 힘을 다해 버려서 마지막 순간, 최후의 노력을 할 수 없게 되었다. 그리하여 마침내 해방을 보지 못하고 죽었다는 데에 있다.

모파상이 받은 교육 중에서도, 모파상의 주의에서도 행해진 이론, 정신적으로도 육체적으로도 힘이 있는 청년의 모든 욕망에 의해 확립된 이론에 따르면 '인생은 쾌락(그 중에서도 중요한 것은 여자와 사랑)이다'라는 것이며, 또 쾌락의 이중의 반사(反射), 즉 그 사랑의 표현 및 타인의 마음에 있어서의 그 격발(激發)이라는 것으로 된다.

이것은 전부가 진실로 훌륭한 것 같지만 그들의 쾌락을 자세히 관찰해 본다면 그 사이에서 이 사랑에도, 이 미(美)에도 아무런 인연이 없는, 오히려 이것과 반대의 현상이 떠오른다.

여자는 여러 가지 일로 추하게 된다. 임신하는 것도 꼴사나우며 출산을 하는 것도 불결하다. 거기에 아이까지 생긴다. 싫어도 아이가 생긴다. 그리고 기만·잔혹·도덕적인 번민 그리고 이내 늙고 다음에는 죽는다.

그런데도 참으로 미(美)는 미일까? 또 어째서 모든 것이 이 모양일까? 정말 인생이 붙잡아 둘 수 있는 것이라면 그래도 좋을 것이다. 그렇지만 인생은 지나간다. 인생이 지나간다는 것은 도대체 어떠한 의미인가? 인생이 지나간다는 것은 머리털이 빠지고 하얗게 되고, 이가 썩고, 주름살이 잡히고, 입에서 불쾌한 냄새가 나게 된다는 것을 의미한다.

뿐만 아니라 완전히 결말이 나기 전에 이것저것 모두가 무서운, 기분 나쁜 것으로 되고, 얼굴에 칠한 연지도 분도 땀도 냄새도 사나운 꼴로 되어 보기 싫고 견딜 수 없게 된다.

내가 마음을 다한 목표는 어디에 있는가? 아름다움은 어디에 있는가? 그러나 여인들은 그대로 거기에 있다. 아니, 여인은 없다. 아무것도 없다. 인생도 없다.

그렇지만 인생이 있는 것으로 보였던 곳에 인생이 없을 뿐만 아니라 각자가 인생에서 떨어져 나가기 시작하고 약해지고 어리석어지고 쇠약해져 가는데, 눈앞에는 다른 사람들이 나타나 인생의 모든 행복이 존재했던 쾌락을 빼앗아 간다.

그것만이 아니다. 무엇인가 별개의 생활 방식의 빛이 비치기 시작한다. 무엇인가 별개의 것, 별개의 사람들, 전 세계에 대해서도 이러한 모든 속임수가 일어날 것 같지도 않은 어떤 별개의 결합, 어떠한 것에 의해서도 파괴되지 않는 진정한, 항상 아름다운 별개의 것이 나타나기 시작한다.

그러한 것이 있을 턱이 없다. 그것은 다만 일시적으로 기쁘게 하는 오아시스의 환상에 불과하며 이윽고 우리는 그러한 것이 없다는 사실, 모두가 모래뿐이라는 것을 알게 된다.

모파상이 이러한 비극적인 인생의 시기에 도달했을 때, 자기를 둘러싸고 있는 허위의 생활과 자신이 의식하기 시작한 진정한 생활 사이에 투쟁이 시작되었다. 이미 그 다음에는 정신적 탄생의 진통이 시작되고 있었다.

그런데도 이 출산의 괴로움은 확실히 그의 작품, 특히 단편에 표현되어 있다.

모파상이 만약 출산의 괴로움 사이에서 죽지 않고 태어나는 운명을 가지고 있었다면, 가르치는 바가 많은 위대한 작품을 남겼을 것이다.

아니, 현실적으로 그 출생의 과정에서 우리에게 준 것만도 이미 다수에 달하고 있다. 우리, 이 굳세고 성실한 사람에 대해서 그가 우리에게 준 것을 감사하지 않으면 안 된다.

톨스토이
아름다운
인생

초판 1쇄 인쇄 2016년 2월 12일
초판 1쇄 발행 2016년 2월 22일

지은이 L. N. 톨스토이
옮긴이 동완
펴낸이 신원영
펴낸곳 (주)신원문화사

편　집 김순선 최미임
디자인 송효영
영　업 이정민
총　무 한선영 신주환 홍금선
관　리 김용권 박윤식
경영지원 윤석원

주　소 서울시 영등포구 당산동 121-245 신원빌딩 3층
전　화 3664-2131~4 팩　스 3664-2130
이메일 bookii7@nate.com 트위터 @shinwonhouse
출판등록 1976년 9월 16일 제5-68호

* 파본은 본사나 서점에서 교환해 드립니다.

ISBN 978-89-359-1723-5 03800